亳州旧志与地方文化研究

程立中/著

图书在版编目(CIP)数据

亳州旧志与地方文化研究/程立中著.—合肥:安徽大学出版社,2016.8
ISBN 978-7-5664-1155-6

Ⅰ.①亳… Ⅱ.①程… Ⅲ.①文化史－研究－亳州市 Ⅳ.①K295.43

中国版本图书馆 CIP 数据核字(2016)第 157159 号

亳州旧志与地方文化研究

程立中 著

出版发行	北京师范大学出版集团 安 徽 大 学 出 版 社 (安徽省合肥市肥西路3号 邮编230039) www.bnupg.com.cn www.ahupress.com.cn
印　　刷	安徽昶颉包装印务有限责任公司
经　　销	全国新华书店
开　　本	152mm×228mm
印　　张	11.75
字　　数	150 千字
版　　次	2016 年 8 月第 1 版
印　　次	2016 年 8 月第 1 次印刷
定　　价	24.00 元

ISBN 978-7-5664-1155-6

策划编辑:姜　萍	装帧设计:张同龙　李　军
责任编辑:姜　萍	美术编辑:李　军
责任印制:陈　如	

版权所有　侵权必究

反盗版、侵权举报电话:0551-65106311
外埠邮购电话:0551-65107716
本书如有印装质量问题,请与印制管理部联系调换。
印制管理部电话:0551-65106311

三曹文化创意产业研发团队青年丛书编委会

编委会主任 张大勇

编委会成员 （按姓氏笔画为序）

王文静 孙 斌 宋 巍
程立中 魏小红

丛书出版说明

  近年来,安徽省亳州市大力实施人才强市战略,吸引更多创新人才服务全市发展建设,制订出台了创新创业领军人才行动计划,该计划旨在组织高校、科研院所创新创业人才,打造领军人才团队,深入企业开展产学研对接合作,共同开发新产品,合作申报新项目,力求形成一批高水平研发成果,培养一批创新型人才。

  为落实亳州市创新创业领军人才行动计划,为高学历、高职称科技人员创造良好的科研条件和学术环境,提供研究开发、成果转化、科技服务等各类科技活动平台,亳州学院于2013年6月遴选出第一批"科技创新团队"项目,并被亳州市委组织部遴选为市科技创新团队计划,比照学校立项经费进行1∶1配套支持,三曹文化创意产业研发团队是其中项目之一。

  三曹文化创意产业研发团队自成立以来,紧紧围绕亳州市文化旅游这一主导产业,以亳州学院中文与传媒系为依托,整合校内外科研力量,结合亳州厚重的文化资源优势和亳州市文化产业发展需求,积极申报各级各类课题,深入开展相关研究。对于部分研究成果,将结集出版,推出"三曹文化创意产业研发团队青年丛书"系列,由于水平有限,难免存在不足之处,欢迎各位专家批评指正。

亳州学院中文与传媒系
2016 年 7 月 1 日

序

亳州历史悠久,名贤辈出。亳州珍贵的地方文献《亳州志》曾先后十一次编纂,目前传世的仅有七种。这些志书多为明清时期所修,较详细记载亳州历史沿革、物产民俗、名胜古迹等内容,真实地反映了近代以前亳州政治、经济、文化等社会情况,是研究亳州乃至皖北历史文化和社会变迁的重要资料。

程立中同志在安徽大学历史系攻读研究生期间,对亳州地方文化表现出浓厚的兴趣,经常去安徽省图书馆、安徽大学图书馆查阅与亳州文化有关的文献典籍,并对这些文献资料进行了初步整理和研究,最后在导师张子侠教授指导下,以亳州旧志作为研究课题。硕士研究生毕业后,程立中同志一直在亳州学院亳文化研究中心从事地方文献的整理和研究,该书是其在硕士学位论文基础上,结合近年来地方文化研究成果撰写而成的。

书中详细论述了亳州旧志的一些编撰问题,如亳州旧志的编纂年代,分为明、清和民国三个时期,其中清代亳州旧志的分期,以道光元年为界,分清前期和清后期两个时间段;又如亳州旧志的编撰理论,注重突出方志的史鉴作用,强调方志的历史属性,重视志书的资政、存史、教化等功能,主张修志应注重章法,繁简适中,坚持实事求是等;又如在编撰体例方面,亳州旧志中既有纪传体、平目体,又有纲目体、三书体和章节体,较为丰富,通过对存世的几种《亳州志》与同期所修的其他志书进行横向比较,归纳亳州旧志的体例特征。此外,还对亳州旧志的史料价值问题进行了论述,如在经济方面,亳州旧志中载有食货、田赋、物产等内容,客观地反映了当时亳州的社会经济状况;在名胜古迹方面,亳州旧志在古迹、坛庙、陵墓等类目中,对当地的风景名胜、文物遗迹等内容,均有详细记载;在人物事迹方面,亳州旧志对历史人物事迹的记载占有相当大比重,为有关人物事迹的研究提供了珍贵资料等。

亳州文化积淀丰厚,遗迹众多,既保留有浓郁的中原文化,又有着地域文化特色,诸如老庄道家文化、三曹文化、涡水流域文化等,如何保护和传承这份珍贵的文化遗产,是我们应该慎重思考的课题。书中对亳州旧志与地方文化的关系问题,设有专章分析,如亳州旧志中的古代建筑,着重探讨明清亳州官学建筑、城池营建、私家园林、历史文化遗迹等问题;又如亳州旧志中的地方文化,重点论述了亳州旧志中的道家文化、三曹文化、地方孝文化以及涡水流域文化等问题,均具有一定的创新之处。

亳州旧志资料丰富,体例完备,真实记录了当地不同历史时期的社会历史面貌,不仅具有重要的文化研究价值,而且对当前亳州市社会建设和经济发展也具有重要的参考价值。对亳州旧志进行全面系统的研究,从而深入挖掘其学术价值,是一个长期工作,需要下较大的功夫,希望能够继续深入开展下去。相信此书的出版是程立中同志学术求索历程中的一个重要里程碑。

张金铣
2016 年 5 月 31 日

前　言

亳州旧志因为大多为明清时期所编，编修时间不甚久远，所以亳州旧志在历次纂修过程中都保持了较好的连续性，从而使不同历史阶段的各方面资料，得以完整保存下来。

自唐朝以后，各朝代在社会安定、经济繁荣之时，大都重视地方志书的编纂，如李吉甫《元和郡县图志·序》所言："以为成当今之务，树将来之势，则莫若版图地理之切也。"而（光绪）《亳州志》的主修者宗能徵，则说得更为具体，"察形势，稽户口，纪沿革，振愚顽，阐幽烛隐，考鉴得失，将于是乎在"。[①] 据文献记载，首先，就编修时间而言，亳州旧志最早创修于明代成化年间，在随后的正德、嘉靖年间均曾编修；到清代，亳州旧志的编纂则达到高潮，先后六次纂修，分别在顺治、乾隆、道光、光绪年间，尤其是乾隆年间，先后三次编修；民国时期也曾编修，只是内容过于简略。由此可见，从明代成化年间到民国，亳州旧志的编纂一直连续不断。其次，就亳州旧志的内容而论，现存的七部旧志在一些内容的记载方面，也保持了较好的连续性，从

---

① （清）钟泰、宗能徵修：（光绪）《亳州志·宗能徵序》，清光绪二十年（1894）活字本。

中可以了解到事物发展的整体概况。如清代所修的几部亳州旧志中,按照城中、北关外、河北等区位,把街巷划分为五大集中区,每个大的集中区内又按不同方位划分为十二个街巷子区,每个子区内的街巷数目在不同时期所修的志书中均有明确记载。通过这几部志书,便可以看出当时亳州城区街巷的增减变化及商业发展情况等内容。

就"体例"而言,亳州旧志的体例相对丰富,志书的几种主要体例在亳州旧志的编纂中均得到应用。如(嘉靖)《亳州志》和(顺治)《亳州志》均采用纪传体,用图、表、纪、志、传、考等体裁进行立纲分目;(乾隆三十九年)《亳州志》则采用平目体,志书内容分为若干类目,且互相独立,无所统属;章学诚所纂的(乾隆五十五年)《亳州志》虽然未有刊刻而亡佚,但是从《亳州志·掌故例议》和《亳州志·人物表例议》等六篇"例议"中可知,是志所采用的体例为"三书体",此体为章氏所创,主张分志书为志、掌故和文征,其中以志为主体,三者互为表里,不可分割;(乾隆五年)《亳州志》、(道光)《亳州志》和(光绪)《亳州志》,此三种志书均采用纲目体,先设总纲,再分细目,从而使全书纲举目张;而《亳县志略》则采用章节体,结构明显,类目清晰。

目　录

绪　论 ……………………………………………… 〔001〕

　第一节　亳州旧志研究概述 ……………………… 〔001〕

　　一、亳州旧志概念界定…………………………… 〔001〕

　　二、亳州旧志的研究现状………………………… 〔003〕

　　三、亳州旧志研究内容及价值…………………… 〔006〕

　第二节　亳州地方文化——亳文化 ……………… 〔007〕

　　一、亳文化的地理空间…………………………… 〔007〕

　　二、亳文化的地域特色…………………………… 〔011〕

　　三、亳文化的现实意义…………………………… 〔014〕

第一章　亳州旧志编纂源流考 ………………… 〔019〕

　第一节　亳州历史沿革简述 ……………………… 〔019〕

　第二节　亳州旧志编纂情况 ……………………… 〔022〕

　　一、明代亳州旧志的编纂………………………… 〔022〕

　　二、清代亳州旧志的编纂………………………… 〔025〕

　　三、民国亳州旧志的编纂………………………… 〔036〕

001

第二章 亳州旧志编纂与价值 〔038〕

第一节 亳州旧志的编纂理论 〔038〕
一、关于方志的性质 〔038〕
二、关于方志的功用 〔041〕
三、关于方志的编修要求 〔044〕

第二节 亳州旧志的体例结构 〔047〕
一、亳州旧志的体例演变情况 〔047〕
二、亳州旧志的体例特征 〔056〕

第三节 亳州旧志的史料价值 〔059〕
一、社会经济方面的资料 〔059〕
二、名胜古迹方面的资料 〔063〕
三、文化教育方面的资料 〔066〕
四、自然地理方面的资料 〔070〕
五、人物事迹方面的资料 〔074〕

第三章 亳州旧志中的古代建筑 〔078〕

第一节 明清亳州城池 〔078〕
一、明清亳州城池的损毁 〔079〕
二、明清亳州城池的营建 〔081〕
三、明清亳州城池的营建费用 〔084〕

第二节 明清亳州官学建筑 〔087〕
一、主要官学建筑 〔088〕
二、官学建筑布局 〔091〕
三、官学建筑功能 〔094〕

第三节 明清亳州私家园林 〔098〕
一、亳州私家园林概述 〔098〕
二、私家园林的地域特色 〔100〕
三、园林与亳州牡丹的关系 〔102〕

第四节　明清亳州历史文化遗迹 …………………〔104〕
　　　一、历史文化遗迹概况……………………………〔105〕
　　　二、历史文化遗迹保护……………………………〔108〕
　　　三、历史文化遗迹利用……………………………〔112〕

第四章　亳州旧志中的地方文化 ………………〔116〕

　第一节　亳州碑刻文化 ……………………………〔116〕
　　　一、碑刻文献概况…………………………………〔116〕
　　　二、碑刻文献的主要内容…………………………〔119〕
　　　三、碑刻文献的价值………………………………〔122〕
　第二节　亳州旧志中的曹魏文化 …………………〔126〕
　　　一、曹氏家族史料…………………………………〔126〕
　　　二、史料的特点和价值……………………………〔129〕
　第三节　亳州道家文化 ……………………………〔134〕
　　　一、道家著名人物…………………………………〔134〕
　　　二、道家文化遗迹…………………………………〔137〕
　　　三、主要著录特色…………………………………〔141〕
　第四节　亳州孝文化 ………………………………〔143〕
　　　一、几种孝亲方式…………………………………〔144〕
　　　二、孝感事迹的关注………………………………〔149〕
　　　三、孝亲事迹的弘扬………………………………〔151〕
　第五节　亳州涡水文化 ……………………………〔154〕
　　　一、涡水的地理概况………………………………〔154〕
　　　二、积极影响………………………………………〔157〕
　　　三、消极影响………………………………………〔160〕

参考文献 ……………………………………………〔164〕

后　记 ………………………………………………〔173〕

绪　论

第一节　亳州旧志研究概述

一、亳州旧志概念界定

亳州历史悠久,文化底蕴深厚,地势显要,人才辈出。"亳地属在一隅,实淮豫之交壤,南北通衢,中州锁钥。其间名贤之所布政、人物之所钟生,稽之前史,彰彰犹在"。① 据现存亳州旧志记载,亳州古称"谯县""谯郡"等名,直到北周大象元年(579),置亳州总管府,"按:此时南兖州陈留郡俱废,谯始名亳"。② 后来虽偶尔更名,但大都以"亳州"为称。

本书所探讨的"亳州旧志",就时间而论,是指新中国成立以前历次所修的亳州志书;就范围和内容而言,是指以"亳州(包括亳县)"命名的志书。笔者查阅《隋书·经籍志》《旧唐书·经籍志》《新唐书·艺文志》和《宋史·艺文志》等正史中的艺文记载,没有找到以"亳州"命名的地理类书籍,在《二十五史

---

① (清)华度修:(乾隆五年)《亳州志·华度序》,清乾隆五年(1740)刻本。
② (清)郑交泰修:(乾隆三十九年)《亳州志》卷一,清乾隆三十九年(1774)刻本。

补编》所收录的《隋书经籍志补》《宋史艺文志补》《补元史艺文志》《补三史艺文志》等文献中,也没有查到以"亳州"命名的志书。

据文献记载,亳州旧志曾先后十一次纂修,最早始于明成化年间。《千顷堂书目》中收录了明代四种亳州志书,分别为贺思聪、王浩、李先芳和陈观所修,而《明史·艺文志》对(王浩)《亳州志》的记载,仅存其名和卷数。亳州旧志的纂修在清代达到鼎盛,先后有六次纂修,志书的质量也比较高,而民国时期的《亳县志略》则较为简略。

本书按照亳州旧志的编纂年代,分为明、清和民国三个时期。对于清代亳州旧志的分期,本书将打破传统的历史分期标准,以道光元年为界,分清前期和清后期两个时间段。因为道光元年后,随着外国资本主义入侵的加剧,国势日趋衰落,清政府更加腐朽,虽然亳州旧志继续纂修,但在数量和质量上都有明显变化。

目前笔者所能看到的亳州旧志有:嘉靖、顺治、乾隆和民国等时期所修的《亳州志》共七种,且同一种志书在不同专著中的著录名称也有差异。例如,《千顷堂书目》中的李先芳《亳州志》,在《中国地方志总目提要》和《中国地方志联合目录》中,著录为(嘉靖)《亳州志》;又如华度主修的(乾隆五年)《亳州志》,在(光绪)《亳州志》则为"乾隆三年《亳州志》十六卷,亳州知州华度主修"。①

乾隆年间,《亳州志》曾被三修,分别为乾隆五年、乾隆三十九年和乾隆五十五年,但是在《中国地方志联合目录》和《中国地方志大辞典》中,均著录为(乾隆)《亳州志》。为了便于区分,本书对亳州旧志的命名进行统一,有确切年号的按年号命名,相同年号的在年号后加具体时间,无确切年号的按纂修人命

---

① (清)钟泰,宗能徵修:(光绪)《亳州志》卷二十,清光绪二十年(1894)活字本。

名,下面以表格的形式呈现亳州旧志的相关概况。

亳州旧志概况一览表(11种)

	书名	主修者	卷数	版本	存佚
明代	(成化)《亳州志》	贺思聪	不详	不详	佚
	(正德)《亳州志》	石玺	十卷	不详	佚
	(嘉靖)《亳州志》	李先芳	四卷	嘉靖四十四年刻本	存
	(陈观)《亳州志》	陈观	不详	不详	佚
清代	(顺治)《亳州志》	刘泽溥	四卷	顺治十三年刻本	存
	(乾隆五年)《亳州志》	华度	十六卷	乾隆五年刻本	存
	(乾隆三十九年)《亳州志》	郑交泰	十二卷首一卷	乾隆三十九年刻本	存
	(乾隆五十五年)《亳州志》	裴振	不详	未刊刻	佚
	(道光)《亳州志》	任寿世	四十三卷首一卷	道光五年刻本	存
	(光绪)《亳州志》	宗能徵	二十卷首一卷	光绪二十一年活字本	存
民国	《亳县志略》	刘治堂	未分卷	民国二十五年铅印本	存

注:此表是笔者根据现存亳州旧志记载,并参考相关书目专著及其他文献制作而成。

二、亳州旧志的研究现状

我国地方志种类繁多、内容宏富。安徽地方志的编纂早在东汉时期就已经开始,刘尚恒先生考证:"其地方志的编纂,最早可以追溯到后汉朱瑒的《九江寿春记》,寿春为汉九江郡治所在,包括今天安徽北部的大部分地区,其书虽已亡佚,清代王谟有个辑本,收录在《汉唐地理书钞》里,还可以略见其梗概。"①根据刘尚恒先生的统计,安徽目前现存各类旧志共418种。

近年来,对安徽地方志的研究,成果丰硕。专著方面,周始的《皖志述略》和史州的《安徽史志综述》,对安徽各地的历史沿革、名胜古迹等内容,均有详细记述。刘尚恒的《安徽方志考略》,在对安徽旧志作整体考察的基础上,重点介绍了庐州、安庆、徽州等地的方志概况,对一些安徽重要志书作了详细介绍。宫为之的《皖志史稿》,从志书的体例演变和发展过程等角度,深入研究了安徽方志的历史变化过程,详细阐述了安徽方志的发展和演变规律。论文方面,刘尚恒的《安徽方志概述》,张安东的《论清代安徽方志的编纂体例》《清代安徽方志编修述论》,朱冠艾的《明代安徽地方志编写的热潮和成就》等,从宏观上对安徽方志的编修成就及其成因进行深入研究;蒲霞的《〈永乐大典〉所辑〈新安志〉研究》、肖建新的《〈新安志〉志源考述》、刘道胜的硕士论文《徽州旧志研究》、张健的《徽州方志考》、汪祚民的《安庆府志修纂考论》、冯早红的《略谈乾隆〈太平府志〉》、王嘉炜的硕士论文《章学诚安徽方志的编纂理论与实践》等论文,从具体志书或方志学家入手,对安徽旧志进行个案研究,进一步拓展了安徽方志的研究领域。

目前涉及亳州旧志内容的著作,主要有中国科学院北京天文台主编的《中国地方志联合目录》,金恩辉、胡述兆主编的《中国地方志总目提要》,李学勤、吕文郁主编的《四库大辞典》等工具书,它们对存世的亳州旧志进行著录和提要式介绍。周始的《皖志述略》和史州的《安徽史志综述》,根据亳州旧志记载,简要介绍了亳州的历史沿革、胜景古迹、资源风物、重要史事以及掌故轶闻等内容。刘尚恒的《安徽方志考略》,对现存亳州旧志的版本等内容进行简要介绍,为亳州旧志的研究和利用提供了

---

① 刘尚恒:《安徽方志考略》,长春:吉林省地方志编纂委员会、吉林省图书馆学会,1985年,第2~3页。

可靠的版本信息。

目前有关亳州旧志的研究成果主要集中在章学诚所纂的（乾隆五十五年）《亳州志》方面，如王嘉炜的硕士论文《章学诚安徽方志的编纂理论与实践》，对本志书的编修过程、成书时间、体例特征等方面进行了研究。王嘉炜认为："（乾隆五十五年）《亳州志》于次年二月修成。对于历时不到半年修成的《亳州志》，章学诚十分得意。"①在修志理论方面，他认为："'方志立三书'之宏论在《亳州志》里已经初具基础。"在体例方面，将（乾隆五十五年）《亳州志》与章氏所修的《和州志》《湖北通志》及洪亮吉所修的《泾县志》进行比较，他认为章氏所修的《亳州志》处处体现出以史入志的宗旨。宫为之的《皖志史稿》和晁文璧的《章学诚〈亳州志〉质疑》，则对章学诚编修《亳州志》，提出了不同的观点。宫为之考察（道光）《亳州志》和（光绪）《亳州志》的旧志序跋，发现其中并没有提及章学诚所纂的《亳州志》；又据章学诚在当时的修志及活动情况，得出结论认为，章氏所修此本《亳州志》并未成书。"章学诚于乾隆五十三年冬，应亳州知州裴振的邀请举家迁亳，纂修《亳州志》，乃是事实，并打算在总结长期修志实践的基础上，提出一些新的见解，但未能如愿，仅仅写好了六则'例议'"。② 关于章氏所修的《亳州志》是否成书的问题，由于缺乏确切的文献记载，目前还存有争议。

综上所述，以前学术界对历次所修亳州旧志的研究，大多局限于具体志书的著录、介绍和考证上，从整体上对历次所修的《亳州志》进行系统研究和专门考察，目前尚未查到。本书将以目前存世的七种《亳州志》为研究对象，借助于相关书目，运用文献学和比较研究等方法，对亳州旧志的整体概貌作系统的探讨与总结，从而发掘亳州旧志的学术价值，为旧志的利用和

---

① 王嘉炜：《章学诚安徽方志的编纂理论与实践》，2008 年山东大学硕士论文。
② 宫为之：《皖志史稿》，合肥：安徽人民出版社，1997 年，第 367 页。

进一步研究提供依据。

三、亳州旧志研究内容及价值

方志是我国珍贵文化遗产的重要组成部分,目前存世的七种《亳州志》,详细记载了当地的历史沿革、物产、古迹、民俗等内容,反映了当时的政治、经济、文化等社会情况,是研究亳州乃至整个皖北历史文化和社会变迁的重要资料。另外,现存部分早期旧志,由于时间久远,损坏严重、残缺不全,有必要对这部分文化遗产进行整理研究,使之能更好地为当地建设服务。

在历次所修的《亳州志》中,保存了大量有关当地的地理水文、名胜古迹等方面的资料,具有较高的文献价值。如有些亳州旧志中收录了《汤陵碑记》《大飨碑》等40余篇碑文,还保存了大量的诗词、文赋等文学作品;旧志中的"舆地""营建"等类目,则详细记载了当地重要古迹的具体位置、修建情况等内容;有些《亳州志·人物志》中,保存了曹冲、曹植、华佗等不少三国时期的人物传记,为地方历史文化研究保存了重要资料。对现存亳州旧志加以系统研究,可为进一步对其进行整理和保护,提供详细、科学的资料支撑。另外,部分志书出自章学诚、刘开等名家之手,他们提出了一些值得借鉴的修志见解,如坚持实事求是,"反对以己意增饰"的修志原则,注重章法,主张"史家法度"的编纂要求,强调"使郡人小惩而大诫,得以寡过"的教化作用等,对当前的修志工作具有指导或借鉴意义。

近年来,亳州市围绕现代中药、旅游文化等产业建设,大力推进新型工业化和城市化进程,加快经济增长方式转变和社会结构转型,努力实现政治、经济等各项社会事业快速发展。《亳州志》详细记载了当地不同时期的社会历史面貌及物产资源等情况,对亳州市社会建设和经济发展具有重要的参考价值。如(乾隆三十九年)《亳州志》卷三"古迹"类目中记载"唐武德中析城父置药城"等内容,(光绪)《亳州志·舆地志·古迹》卷二则详细记载了亳州牡丹的相关情况,是研究亳州药业经济发展史的重要资料。在亳州旧志的"古迹""坛庙""陵墓"等类目中,对于现存的200余处国家、省、市级文物保护单位的相关情况,都有涉及,同时旧志中还保存了许多当地的民俗风情、地方特产等文献资料,为当地旅游资源的开发和文化产业的发展提供了历史和现实依据。

第二节　亳州地方文化——亳文化

地域广袤、幅员辽阔的神州大地,孕育出数量众多、各具特色的地域文化中心,这些丰富多彩的地域文化,共同构筑起古老而厚重的华夏文明。如陈寅恪在《邓广铭宋史职官志考证序》中所言:"华夏民族之文化,历数千载之演进,造极于赵宋之世。后渐衰微,终必复振。譬诸冬季之树木,虽已凋落,而本根未死,阳春气暖,萌芽日长,及至盛夏,枝叶扶疏,亭亭如车盖,又可庇荫百十人矣。"① 作为众多地域文化中心之一的亳州地方文化,既不同于北邻的河洛文化、齐鲁文化,也有别于南接的徽州文化,它所独具的个性和风格,是其他任何地域文化都无法涵盖的。有关亳州地方文化的渊源流变、各时期的成就及其社会、经济价值,张立驰、魏宏灿在《亳文化略论》中已进行了详细研究,就不再一一赘述。这里试从地理空间、地域特色和现实意义三个方面,对亳州地方文化进行多维度探讨。

一、亳文化的地理空间

所谓现代意义上的"文化","人类学之父"泰勒认为:"文化或文明是一个复杂的整体,它包括知识、信仰、艺术、道德、法

---

① 陈寅恪:《陈寅恪集·金明馆丛稿二编》,北京:生活·读书·新知三联书店,2011年,第277页。

律、风俗以及作为社会成员的人所具有的其他一切能力和习惯。"① 其实，不同国家、不同区域之间文化的差异是非常明显的，即便是同一个国家各个地方之间的文化形态，也存有较大的差异，因为"文化是历史发展的沉淀，是在特定的自然环境上凝聚形成的。在文化中，可以看到历史的痕迹，可以看到自然环境的痕迹。因此文化是有强烈区域性的"。②

中国文化区域格局的形成，最早可追溯到春秋战国时期，随着民族宗法制度的瓦解，早期的区域文化格局开始初步形成，"地理差别，从经济上制约了文化的区域构成；邦国林立，从政治上强化了文化的区域分野；大师并起，从学术上突出了文化的区域特色；而上古时代丰富多彩的民风异俗的流播传扬，又形成了风格各异的区域文化氛围"。③ 就全国而言，较早形成且在历史上产生过重要影响的区域文化中心，主要有齐鲁文化、楚文化、秦文化、晋文化、吴越文化以及中原文化等，在这些文化的影响和带动下，又相继产生了亳文化、徽文化、关东文化、河洛文化、岭南文化等各具特色的地域文化区。从文化人类学的观点看，一个地域文化中心的最终形成，一般包括文化丛的产生、文化圈的建立和文化区的最后形成三个阶段。"亳文化历史悠久，积淀厚重，形成了独特的文化架构，其中包括史前文化、帝都文化、老庄文化、宗教文化、曹魏文化、医药文化、休闲养生文化、商贸文化、'古井'文化、民俗文化等"。④ 如此深厚、丰富的地域文化，必然形成较为清晰的亳文化区的地理空间界定。

---

① [英]泰勒著，蔡江农编译：《原始文化》，杭州：浙江人民出版社，1988年，第1页。
② 胡兆量、阿尔斯郎、琼达等编著：《中国文化地理概述》，北京：北京大学出版社，2001年，第5页。
③ 冯天瑜、何晓明、周积明：《中国文化史》，上海：上海人民出版社，1990年，第404页。
④ 张立驰、魏宏灿：《亳文化略论》，《学术界》，2011年第2期。

1.从亳文化的渊源看

就整个中国文化区域格局而言,虽说春秋战国时期便初具规模,但单就亳文化而论,其生发的时间则更为久远。"因为文化区不仅是一个文化的空间分类概念,而且还是一个历史概念。它的文化特质由一代又一代不断地进行传递、发展、积累,保留下来"。① 有"中国原始第一村"之称的蒙城尉迟寺遗址,是目前国内保存最为完整、规模最大的原始社会新石器晚期聚落遗存。我们知道,早期人类居住环境的长期稳定和发展,离不开农业的保障,从尉迟寺遗址的文化遗存和规模来看,早在5000年前,涡河一带,已是水草丰美,人口聚集,村落初现,进入了农业文明时代。"不仅栽培具有北方特征的粟类作物,也栽培具有南方特征的水稻作物,表现了黄淮地区农业经济的特点,揭示了史前农业经济的多样性和特殊性"。② 此地优越的自然环境、良好的农业基础、稳定的聚落生活,无疑是亳文化诞生的最佳摇篮。

3700年前,商汤定都于此,《尚书·立政》载:"夷、微、庐烝、三亳阪尹。"有关"三亳"的具体位置和解释,历代聚讼不已。孔颖达《尚书正义》引皇甫谧:"三亳,三处之地,皆名为亳。蒙为北亳,谷熟为南亳,偃师为西亳。"③(道光)《亳州志·舆地志》中所收的一篇《亳都考》,对"南亳、西亳和北亳"之位置以及和汤的关系进行了深入探究,并给出详细解释:"南亳者,汤为诸侯时所居之国也;西亳者,汤为天子时所迁之都也;北亳者,汤克夏时所会诸侯之地也。"④ 而王夫之在《尚书稗疏·三亳阪尹》

---

① 蒋宝德、李鑫生主编:《中国地域文化》,济南:山东美术出版社,1997年,第70页。
② 中国社会科学院考古研究所编著:《蒙城尉迟寺——皖北新石器时代聚落遗存的发掘与研究》,北京:科学出版社,2001年,第338页。
③ 李学勤主编:《十三经注疏·尚书正义》,北京:北京大学出版社,1999年,第474页。
④ (清)任寿世修:(道光)《亳州志》卷一,清道光五年(1825)刻本。

卷四则云:"亳亦大也,与京同义。其犹雒邑之称周,而汉、唐之有两都,宋之有四京与?旧注殊疏。"在王夫之看来,"三亳"均为殷之故都。所以"可见早在商汤时期这里就成为当时政治、经济、文化中心,为亳文化的发展奠定了坚实的基础,可以说是亳文化之根基"。① 汤王之后,虽都城多迁,但大都仍以"亳"为称,直到北周大象元年(579)才恢复古称,改"谯"称"亳州"。

2. 从区域领属上看

文化区不同于现行的行政区划,因为行政区划是运用行政手段所划分的行政管理的区域单位,"而文化区则是一种特质文化的区域,是自然产生并由历史的延续而来。因此研究地域文化必须打破行政区划的局限,例如燕赵文化区不等于河北省,楚文化区不等同于湖北省……"②加之历史上亳州领隶更迭频繁,行政区划变动较大,"古今舆地沿革不同,或为京畿,或为封国,或为郡邑,或更其名,或改其属,因时势之所宜,而变通之前后不必相承也"。③ 因此亳文化的地理空间势必跨越多个现行的行政区域。另据(光绪)《亳州志·舆地志·沿革表》卷一记载:"三国魏,谯郡,注:又为谯都,谯县、城父县、鄌县、山桑县、龙亢县、蕲县、铚县;晋,豫州,谯国,注:又为谯郡,谯县、城父县、鄌县、山桑县、龙亢县、蕲县、铚县;唐,河南道总管府,亳州;宣武军都督府,谯郡,成州、文州、药城县、文成县、城父县、永城县、临涣县、朝城县、焦夷县;元,汴梁路,亳州、归德府,注:以下各县初隶亳州,后改府属,城父县、谯县、卫真县、鹿邑县、谷熟县、睢阳县、鄌县、永城县;国朝,江南省,江南安徽省,颍州府,亳州直隶州,太和县、蒙城县。"④

---

① 张立驰、魏宏灿:《亳文化略论》,《学术界》,2011年第2期。
② 蒋宝德、李鑫生主编:《中国地域文化》,济南:山东美术出版社,1997年,第70页。
③ (清)华度修:(乾隆五年)《亳州志》卷一,清乾隆五年(1740)刻本。
④ (清)钟泰、宗能徵修:(光绪)《亳州志》卷一,清光绪二十年(1894)活字本。

由上可知,历史上亳州所辖区域范围较广,几乎囊括今天的河南之鹿邑、永城,及皖北之蒙城、太和等一大片地区。亳文化作为当地几千年来传承下来的文化,也是黄淮之间最具特色的地域文化之一,其地理空间当以亳州为中点,涡河为轴线,包括皖北、豫东等大片区域,共同构筑成较为完整的亳文化区。

二、亳文化的地域特色

千年一脉传承下来的亳文化,是当地人们世世代代生产、生活的记录,是千百年来厚重历史的沉淀;更是人们认识自己、探索世界、思考未来、建构科学生活方式的重要载体。在漫长的历史发展过程中,亳文化也凸显了自身浓厚的地域特色,这种特色主要表现为与时偕行的超越与创新、海纳百川的包容与兼蓄、心怀天下的民本与现实三个方面。

1. 与时偕行的超越与创新

亳文化在萌芽时期就凸显了不断超越与创新的禀赋,如"尉迟寺一期文化遗存虽有大汶口文化的基本特征,但也具有强烈的地域性特征,尤以陶器最为突出……上述特点与山东汶、泗流域大汶口文化晚期遗存区别较大,表现出皖北地区的自身特点"。[①] 就皖北分布的大汶口文化晚期遗存而言,其性质相同者也较为普遍,如濉溪县石子山、灵璧县玉石山及宿县芦城孜等遗址,而蒙城尉迟寺遗存则创造了一个新的类型,"分布地域明确,自身特点清楚,可作为大汶口文化晚期分布在皖北及其相邻地区的一个新的地方类型,我们称之为大汶口文化尉迟寺类型"。[②]

建安时代,"三曹"耀世而出,并完成了乐府民歌向文人创

---

① 中国社会科学院考古研究所安徽工作队,执笔者:吴加安、梁中合、鹿俊倜:《安徽蒙城尉迟寺遗址发掘简报》,《考古》,1994年第1期。
② 中国社会科学院考古研究所编著:《蒙城尉迟寺——皖北新石器时代聚落遗存的发掘与研究》,北京:科学出版社,2001年,第321~322页。

作的蜕变,开创了中国诗坛的一代新风,"他们(曹操父子)修习乐技,创制乐曲,创作了大量的乐府新诗,从内容到具体创作手法,对汉代乐府诗进行了全面的继承与革新,遂使乐府这种传统诗歌形式焕发了新的生机,并为后世作者进行乐府创作开辟了广阔的新天地"。① 曹操是建安文学的领袖,他以自己的创作开风气之先,为建安文学的繁荣和发展作出了贡献。"登高必赋,及造新诗,被之管弦,皆成乐章"。② 清代沈德潜在《古诗源》中评价曹操文学成就时说:"曹公四言,于三百篇外,自开奇响","借古乐写时事,始于曹公"。③ 而曹丕对我国诗体的发展,作出了开创性贡献,尤其是《燕歌行》,开创了七言诗的先河;其长篇杂言歌行《大墙上蒿行》,王夫之在《古诗评选》卷一云:"长句长篇,斯开山第一祖。鲍照、李白领此宗风,遂为乐府狮象。"曹植则是第一位大力写五言诗的文人,以50多首五言诗,奠定了这一新兴诗歌形式在诗坛的地位,"这是一个时代的事业,却通过了曹植才获得完成"。④

此外,"外科鼻祖"华佗首创"麻沸散",并最早在病人全身麻醉的情况下实施腹部手术,这在世界麻醉史和外科手术史上也占有重要地位。"华佗成功地应用麻沸散进行腹部外科手术时候,世界其他国家的外科麻醉术尚处于摸索的阶段"。⑤

2.海纳百川的包容与兼蓄

亳州地处黄淮平原腹地,地势平坦,视野开阔,从而孕育出开放、豁达的亳文化。就道家文化而言,其自然和谐之观,展现出极大的包容性,如《老子》(二十一章):"道之为物,惟恍惟惚。

---

① 魏宏灿:《逞才任情的乐章——曹操父子与建安文学》,合肥:安徽大学出版社,2009年,第3页。
② (晋)陈寿撰,陈乃乾校点:《三国志》,北京:中华书局,1959年,第54页。
③ (清)沈德潜选:《古诗源》,北京:中华书局,1998年,第91~92页。
④ 林庚:《中国文学简史》,北京:北京大学出版社,1995年,第120页。
⑤ 严世芸主编:《中医学术发展史》,上海:上海中医药大学出版社,2004年,第81页。

惚兮恍兮,其中有象。恍兮惚兮,其中有物。窈兮冥兮,其中有精。其精甚真,其中有信。"而丁德科在阐释时认为,其中"有象"是指万物的形象、原型;"有物"是指形形色色的万物;"有精"是指万物的精神实质,而且这种精神实质又非常真实,而且非常诚信,所以"'道'中有象、有物、有精、有信,是有机的统一,富有无限的力量,蕴含着事物的层次和秩序,具有极大的包容性"。① 此外,道家文化中不仅包含有原始科学主义成分,而且包含有某些思想观念的精华,对现代科技文明的进步也产生了积极影响,如日本第一个获得诺贝尔奖的物理学家汤川秀树,在《创造力与直觉:一个物理学家对于东西方的考察·自序》中云:"可以肯定,这种经验对于我的人生观和宇宙观是起了重大影响的。老庄思想的影响尤大。"

又如美轮美奂的花戏楼,与大关帝庙山门连为一体,墙面上的砖雕剔透俊美,雕刻精良,"内容有'松鹤延年'、'三星高照'、'郭子仪做寿'、'吴越之战'、'三顾茅庐'、'白蛇传'、'老君炼丹'等图案,涉及流行戏文、名人轶事、吉祥图案、山水花木、鱼龙鸟兽、亭榭楼阁、织锦图案等七十余种"。② 由此可知,几乎把戏曲、宗教、民俗、传说等内容,有机地融汇于雕刻之中。此外,在民俗文化中,亳州剪纸在吸收南北剪纸艺术成就的基础上,形成了工巧洒脱的特色,以细腻传神而饮誉南北,"亳州剪纸构图丰满,粗细结合,融南北剪纸风格于一体,秀丽与粗犷并存,形成了淮北风格"。③

3. 心怀天下的民本与现实

就建安文学而言,很多作品都表现出对现实的关切、对下层民众疾苦的同情。面对战争给人民带来巨大灾难的情景时,

---

① 丁德科:《先秦儒道一统思想述论》,西安:陕西人民出版社,2003年,第27页。
② 汪东恒编:《亳州四名》,合肥:安徽人民出版社,2005年,第142页。
③ 汪东恒编:《亳州四名》,合肥:安徽人民出版社,2005年,第242页。

曹操在《蒿里行》中发出了"白骨露于野,千里无鸡鸣"的感慨。全诗从叙述讨伐董卓开始,一直写到连年战争给百姓带来的深重灾难。如果没有心怀黎民的胸怀,则难以发出如此悲凉的感慨。正如陈元庆所云:"悲凉,一方面是由于'世积乱离'(刘勰语)即连年不断战乱所造成的,另一方面则是诗人对百姓的同情心使然。"① 故钟惺在《古诗归》卷七中称曹操的此类诗为"汉末实录"。而曹植的《泰山梁甫行》:"剧哉边海民,寄身于草野。妻子象禽兽,行止依林阻。"真实再现了当时人民的苦难生活;《门有万里客行》中:"挽衣对我泣,太息前自陈:本是朔方士,今为吴越民。"深刻揭示了战争使士兵归无定期、百姓不堪重负的社会现实。

身为新乐府运动先驱的悯农诗人李绅,其《悯农》"锄禾日当午,汗滴禾下土"生动形象地描绘出广大农民的艰辛劳动;而"四海无闲田,农夫犹饿死"深刻地揭露了封建社会对农民的残酷剥削,表达了对社会不公的愤慨和对贫苦农民的深切同情。正是因为具有这种抨击时弊、关心民疾的精神,使得李绅一直为后人所敬仰。

就亳州剪纸而言,很多作品在创作题材上,也展现出浓郁的现实生活气息,深受人们喜爱,"创作题材也由原来的花鸟虫鱼、飞禽走兽,以及一些表现民俗的喜庆吉祥之物,发展到以人物和现代社会生活题材为主。不仅具有装饰性和抽象意味,而且具有鲜明的内容和意旨"。②

三、亳文化的现实意义

丰富多彩、历史悠久的亳文化,彰显着鲜明的时代价值,其中许多内容对今天的现实生活依然有着重要的借鉴和指导意义。

---

① 陈元庆撰:《三曹诗选评》,上海:上海古籍出版社,2002年,第14页。
② 汪东恒编:《亳州四名》,合肥:安徽人民出版社,2005年,第242页。

1. 自然和谐的应世智慧

在道家文化看来,人是自然孕育之物,属于自然界的一部分,所以主张人要效法自然、尊重自然、顺应自然,使人与自然达到和谐统一的理想境界。如《老子》(二十五章)中所载:"人法地,地法天,天法道,道法自然。"只有人与自然达到和谐发展,才有可能获得比较光明的未来。老子思想的继承者庄子,在《庄子·天道》中则提出"天和"与"人和"的思想观点,"夫明白于天地之德者,此之谓大本大宗,与天和者也。所以均调天下,与人和者也。与人和者,谓之人乐;与天和者,谓之天乐"。其中的"人和"的意思是人与人之间,应保持一种良好和谐的人际关系;而"天和"的意思是让人与外界万事万物的客观世界,也保持一种自然和谐的关系。总之"道家的自然和谐观崇尚自然无为,主张返璞归真,要求达到人与自然的和谐一体,共生共荣,这对于保护人类生存环境的清净优雅,保护自然资源不被滥肆开发是有积极作用的"。[1]

明清时期,亳州城区及其周围,修建有大量的私家园林,这些私家园林在建筑风格方面,既不追求江南园林的"柔媚",也不崇尚北方园林的"刚健",而是寻求不尚雕饰、浑然天成的自然和谐之美。如薛凤翔《亳州牡丹史·别传·纪园》卷二记载:"(常乐园)园内文石玲珑嵘然玉立,石后茅屋数椽,不事雕饰。""(凉暑园)中构亭榭,间以茅屋,竹树蓊蔚,称佳境矣"。据亳州旧志记载,有文献可查的明清亳州私家园林多达 28 处,其筑园风格大都以和谐自然为尚。又如华佗所创的"五禽之戏",他模仿自然界中五种动物的动作,创编出一套导引之术,其中的虎举、鹿奔、熊晃、猿摘、鸟飞,这些动作名词及术语,无不蕴含着浓烈的自然色彩,把人与自然和谐统一的关系演绎得尽善尽美。

---

[1] 吴光:《简论道家文化中的和谐思想资源及其现代意义》,《周口师范学院学报》,2009 年第 1 期。

2. 崇朴尚俭的生活态度

勤俭节约是中华民族的传统美德,也是道家文化所积极倡导的人生之道。道家主张人们应保持崇朴尚俭的生活态度,如《老子》(十二章)云:"五色令人目盲,五音令人耳聋,五味令人口爽,驰骋畋猎令人心发狂,难得之货令人行妨。"极力反对追逐声色犬马的奢靡生活,应保持《老子》(十九章)所云"见素抱朴,少私寡欲"的生活态度。继之而起的庄周在《庄子·逍遥游》中,也提出了类似的观点:"鹪鹩巢于深林,不过一枝;偃鼠饮河,不过满腹。"可以说道家文化中崇朴尚俭的生活态度,被一代又一代中国人所接受、践行,对整个中华民族的延续和复兴,均产生过重大而深远的影响。"从一定意义上说,正因为具有节欲尚俭的精神,中华民族才得以历尽苦难而生生不息,备遭洗劫而巍然屹立于世界民族之林"。①

一代英雄曹操,也非常重视节俭,反对奢侈,并且身体力行。据《三国志·武帝纪》卷一载:"雅性节俭,不好华丽,后宫衣不锦绣,侍御履不二采,帷帐屏风,坏则补纳,茵蓐取温,无有缘饰……常以送终之制,袭称之数,繁而无益,俗又过之,故预自制终亡衣服,四箧而已。"曹操不仅严格要求自己注重节俭,还对后宫及子弟的生活标准作了严格规定:"太祖愍嫁娶之奢僭,公女适人,皆以皂帐,从婢不过十人。"②其目的也是引导人们保持崇朴尚俭的生活态度。此外,他还积极推行薄葬之法,在为自己选定墓址问题上,他下令:"古之葬者,必居瘠薄之地。其规西门豹祠西原上为寿陵,因高为基,不封不树。"③即使在临死前,还通过《遗令》要求后代不准隆丧:"天下尚未安定,未得遵古也。葬毕,皆除服。其将兵屯戍者,皆不得离屯部。有司

---

① 李平权:《刍议道家文化的时代价值》,《长春师范学院学报》(人文社会科学版),2005年第4期。
② (晋)陈寿撰,陈乃乾校点:《三国志》,北京:中华书局,1959年,第54页。
③ (晋)陈寿撰,陈乃乾校点:《三国志》,北京:中华书局,1959年,第51页。

各率乃职。敛以时服,无藏金玉珍宝。"①时至今日,这种崇朴尚俭的生活态度,依然具有重要的教育价值。

3.为而不争的社会文明

道家文化认为,"道"不仅是万物之源,而且具有较强的功用,如《老子》(五十一章)云:"故道生之,德畜之,长之育之;成之孰之;养之覆之。生而不有,为而不恃,长而不宰,是谓玄德。"通过拟人化的语言,使人更具体地领悟道的自然客观性,并告诉世人怎样效法道的为而不争的道理。《老子》(八十一章)云:"圣人不积,既以为人己愈有,既以与人己愈多。天之道,利而不害;圣人之道,为而不争。"老子又以圣人为例,进一步揭示为而不争的玄机。在物质文明与精神文明的发展过程中,物质生活的丰富与社会道德的缺失,这种不同步现象时有发生。"老子对古代文明中物质生活进步和道德水平下降的批判在今天仍具有很强的现实性"。②

身处竞逐荣势、企踵权豪时代的华佗,却能"沛相陈珪举孝廉,太尉黄琬辟,皆不就。晓养性之术,时人以为年且百岁而貌有壮容。又精方药,其疗疾,合汤不过数种,心解分剂,不复称量,煮熟便饮,语其节度,舍去辄愈"。③ 这种不矜名利、以百姓疾苦为念的精神,充分展现了一代神医淡泊名利、勤医为民的崇高品德和高尚人格,直至今天,依然受到世人的敬仰。又如在中国思想史上享有崇高声望的宋代陈抟,虽"怀经纶之长策,不谒王侯;蕴将相之奇才,未朝天子"。④ 一生著作颇丰,仅诗词就有600余首,很多诗文展现了他不慕权贵、寄情山水的高隐情怀。

---

① (晋)陈寿撰,陈乃乾校点:《三国志》,北京:中华书局,1959年,第53页。
② 罗映光:《道家文化及其现代价值》,《西南师范大学学报》(人文社会科学版),2004年第6期。
③ (晋)陈寿撰,陈乃乾校点:《三国志》,北京:中华书局,1959年,第799页。
④ (元)张辂:《太华希夷志》,《道藏》(第5册),第735页。

源远流长的亳文化,上下数千年,其间虽经领隶迭更、兵燹纷扰,但仍如百川东导,代有高峰。"亳文化不同于一般的地域文化,她悠久灿烂,内涵丰厚,博大精深。迄今为止,除了齐鲁儒文化外,似乎还没有哪一种地域文化能像亳文化这样充分地代表着中国文化的内容和形式,这样坚强的支撑着中国文化的实质和精神。它的涵义甚至已经超出一般的文化内涵而具有某种心灵的归往和精神的象征等意味"。① 我们在感叹亳文化无比丰富的同时,更要致力于亳文化的研究与创造,以便更好地服务于当今的社会经济文化建设。

---

① 张立驰、魏宏灿:《亳文化略论》,《学术界》,2011年第2期。

第一章　亳州旧志编纂源流考

第一节　亳州历史沿革简述

　　亳州在隋以前,名称更替频繁,或称"焦、夷",或称"谯",或称"小黄"等,其舆地沿革更是侨析省并,领隶迭更,或为"国",或为"郡、县",或为"州",等等,故详细探寻其沿革变迁并非易事。"夫亳固江北一大都会也,在汉魏列为望国,迄今千六百余年矣。其间干戈相循,建置纷更,而欲考其沿革也难"。①

　　北周大象元年(579)改"谯"称亳州,仍置陈留郡。隋开皇初,陈留郡和亳州总管府俱废;开皇十六年(596),分小黄县梅城一带置梅城县,隶属亳州;开皇十八年,又改浚仪为城父;大业三年(607),改亳州为谯郡。根据《旧唐书·地理志》记载,唐武德四年(621),平定王世充,改谯郡为亳州,下辖谯、城父、谷阳、鹿邑、郸五县;次年,又在亳州置总管府,辖谯、亳、宋、北荆、颍、沈六州;武德七年(624)改亳州总管府为都督府;贞观元年(627),罢都督府,亳州不改;贞观十七年(643),废谯州,以临

---

① (清)任寿世修:(道光)《亳州志·任寿世序》,清道光五年(1825)古谯官舍刻本。

涣、永城、山桑三县来属；天宝元年(742)，又改亳州为谯郡；乾元元年(758)，谯郡又改称亳州。①五代时期，沿用"亳州"之名，只是后梁、后晋时置防御州，后唐置团练州而已。

960年，宋继后周，亳州之名未改。宋初属淮南路，后改属淮南东路。据《宋史·真宗本纪》卷八记载，大中祥符七年(1014)正月，真宗赵恒朝谒亳州太清宫，"升亳州为集庆军节度，减岁赋十之二"。②下辖谯、城父、蒙城、鄸、鹿邑、永城、卫真县七。靖康以后，亳地归于金，仍以亳州命名。金于亳州置防御使，隶南京路。嘉定八年(1215)，亳州又升为节镇。元初"亳州属汴梁路，宪宗四年，张柔移镇亳州，以山前八军城而戍之，世宗至元八年，亳与宿、邳及徐割隶归德府，所统县有六，以民户稀少，并城父入谯，卫真入鹿邑，谷熟入睢阳，鄸入永城，后复置城父，亳领县仅三，惟谯与城父及鹿邑而已"。③

据《明史·地理志》记载：洪武初年，谯县并于亳州，随后城父县被废，隶属凤阳府，"寻降为县"，属归德州；洪武六年(1373)，降亳州为亳县，隶凤阳府颍州；洪武二十二年(1389)，设武平卫，属河南都司；弘治九年(1496)，亳县升为亳州，改隶凤阳府。④亳州地处淮豫交壤，南北通衢，交通便利，当时社会经济繁荣，尤其商业较为发达，"江淮之舟始由涡达汴，商贾辐轴鳞集，积岁成业。自城西、北关及义门沿河一带，楼舍攒拱联络，动计百家，入境望之，弘敞巨丽殊绝"。⑤

顺治二年(1645)，清军攻取亳州，置武平卫，隶属凤阳府。雍正二年(1724)，亳州升为直隶州，辖太和、蒙城两县，而《清史稿·地理志》卷五十九则云："凤阳府：雍正三年，升颍、亳、泗三

---

① (后晋)刘昫等：《旧唐书》，北京：中华书局，1975年，第1437~1438页。
② (元)脱脱等：《宋史》，北京：中华书局，1977年，第155页。
③ (清)钟泰、宗能徵修：(光绪)《亳州志》卷一，清光绪二十年(1894)活字本。
④ (清)张廷玉等：《明史》，北京：中华书局，1974年，第915页。
⑤ (明)李先芳修：(嘉靖)《亳州志》卷一，明嘉靖四十三年(1564)刻本。

州为直隶州,分颍上、霍丘属颍,太和、蒙城属亳,盱眙、天长、五河属泗。"①其中"雍正三年",升亳州为直隶州与史实不符。据《清史稿·地理志》卷五十九"颍州府"条下记载:"雍正二年,升直隶州,改隶安徽省,以颍上暨霍丘来属,分太和属亳州。"②在"泗州直隶州"条下也明确记载:"雍正二年,升直隶州,隶安徽省。"③另据《清史稿·查弼纳传》卷二百九十八记载:"雍正元年……二年……又奏言江南赋重事繁,请改六安、太仓、颍、泗、庐、邳、海、通诸州为直隶州,苏、松、常三府增设元和、震泽、昭文、新阳、宝山、镇洋、奉贤、金山、福泉、南汇、阳湖、金匮、荆溪诸县。"④另据(乾隆)《颍州府志》记载:"雍正二年,升颍、亳二州为直隶州,颍上、霍邱属颍州,太和、蒙城属亳州。"⑤(光绪)《凤阳府志·沿革表》卷三记载:"凤阳府初隶江南省,康熙六年隶安徽省,雍正二年升府,属之颍州、亳州、泗州为直隶州,以颍上、霍邱属颍州,太和、蒙城属亳州,盱眙、天长、五河属泗州。"(乾隆)《泗州志·舆地沿革》卷一记载:"雍正二年升直隶(州),并以五河县来属,辖县三。总督查弼纳请改凤阳府之颍、亳、泗三州并为直隶。"而(道光)《亳州志》也明确记载:"国初,因明之旧,雍正二年,督臣查弼纳奏升亳州为直隶州,以太和、蒙城来属。"⑥另据《重修蒙城县志·建置志·沿革》卷二记载:"雍正二年,改亳州为直隶州,蒙城、太和属焉。"

由上可知,无论是《清史稿》还是相关州、县旧志,都有明确记载颍州、亳州、泗州三州升为直隶州的时间,是在雍正二年,而不是雍正三年。雍正十三年(1735),安徽省之颍州改"州"为"府",亳州改为属州,隶于颍州府,下辖太和、蒙城两县。当时

---

① (清)赵尔巽:《清史稿》,北京:中华书局,1977年,第2005页。
② (清)赵尔巽:《清史稿》,北京:中华书局,1977年,第2007页。
③ (清)赵尔巽:《清史稿》,北京:中华书局,1977年,第2017页。
④ (清)赵尔巽:《清史稿》,北京:中华书局,1977年,第10411~10412页。
⑤ (清)王敛福修:(乾隆)《颍州府志》卷一,清乾隆十七年(1752)刻本。
⑥ (清)任寿世修:(道光)《亳州志》卷二,清道光五年(1825)古谯官舍刻本。

亳州农业、手工业较明代有较大发展,商业发达,城市经济繁荣,街巷达180多条,加之境内"涡河为域中之襟带,上承沙汴,下达山桑。百货辇来于雍梁,千樯转输于淮泗。……其水陆之广袤,固淮西一都会也",①实为当时一经济重镇。民国初,亳州又改称亳县。

第二节 亳州旧志编纂情况

一、明代亳州旧志的编纂

亳州旧志创始于明代,先后曾四次纂修,由于时间久远,大都没有保存下来。目前有关明代亳州旧志的文献记载比较少,本书根据现存旧志及其他文献记载,只能粗略探讨明代《亳州志》的编修情况。

(成化)《亳州志》为现在所知道的最早的一部亳州旧志,是志修于明成化年间,据(嘉靖)《亳州志·修志凡例》记载:"亳县志,始于成化壬寅(1482),知县贺思聪所辑,篇章荒秽苟简,才数叶耳。"贺思聪,直隶永平人,成化乙未(1457)进士,成化十三年(1477)知亳县。据(顺治)《亳州志》记载,此人仁慈爱民,当时颇受百姓爱戴,"储粟二万余石赈济,去任,民立碑颂德"。②是志的具体编纂原因、志书内容等均无从考证,《千顷堂书目》仅载其名和编修时间,虽"篇章简略,仅有数叶",但可谓《亳州志》的开山之作,对后期亳州志书的编纂起到一定的示范作用,可惜已佚。

(正德)《亳州志》在《明史·艺文志》中称(王浩)《亳州志》。由于本书按编修时的年号统一命名,故改称此名。是志的具体编修时间,在文献记载中一直存有争议,如《千顷堂书目》和(嘉

---

① (清)郑交泰修:(乾隆三十九年)《亳州志》卷一,清乾隆三十九年(1774)刻本。
② (清)刘泽溥修:(顺治)《亳州志》卷二,清顺治十三年(1656)刻本。

靖《亳州志》,均认为修于弘治年间,"王浩《亳州志》十卷,弘治间修"。① 而(乾隆三十九年)《亳州志·修志凡例》则认为:"亳志修于正德初年,《明史·艺文志》中载有州人王浩《亳州志》十卷。"(光绪)《亳州志》对是志"修于正德初年"的观点,又提出质疑,"明王浩《亳州志》十卷,按《明史·艺文志》中,仅存其名,而卷帙久佚,既岁月亦无从考核,而郑志云修于正德初年,并云王浩即州人,未审何据"。② 当时亳州设为武平卫,而主修人石玺,为武平卫指挥,生卒年不详,其事迹在(道光)《亳州志》中有零星记载。如正德六年(1511)冬十月,杨虎起义,武平卫指挥石玺、百户夏时前往镇压,杨虎被杀。③ 编纂者"王浩,正德元年贡,武平卫人"。④ 那么(嘉靖)《亳州志·修志凡例》云:"至弘治十七年,指挥石玺任事,委贡士王浩续编州志",与王浩正德元年贡士不符,故本书倾向于为正德年间修。虽然是志还存在一些不足之处,但是在后续亳州旧志的编纂方面开创了一个先例,产生了较大的影响,"规制鄙俚,于人物尤不公,盖取裁于石氏也,今择而录之"。⑤ 由于缺乏相关史料记载,其编修原因、刊刻情况均无从考核,但其大致内容和基本类目设置,可从现存(嘉靖)《亳州志》中窥见一二,可惜该县志已佚。

(嘉靖)《亳州志》在刘尚恒看来,"是书据正德初年石玺修、

---

① (清)黄虞稷撰,瞿凤起、潘景郑整理:《千顷堂书目》,上海:上海古籍出版社,2001年,第160页。
② (清)钟泰、宗能徵修:(光绪)《亳州志》卷二十,清光绪二十年(1894)活字本。
③ (清)任寿世修:(道光)《亳州志》卷二十六,清道光五年(1825)古谯官舍刻本。
④ (清)郑交泰修:(乾隆三十九年)《亳州志》卷五,清乾隆三十九年(1774)刻本。
⑤ (明)李先芳修:(嘉靖)《亳州志·修志凡例》,明嘉靖四十三年(1564)刻本。

王浩纂的十卷本州志删益而成"。① 主修者李先芳,字符卿,山东濮州(今鄄城)人,嘉靖末任州同知。据(乾隆三十九年)《亳州志·修志凡例》云:"亳志修于正德初年,《明史·艺文志》中载有州人王浩《亳州志》十卷,次修于嘉靖中,知州孙克廉系州佐李先芳所纂……前明二志久佚。"同样,(道光)《亳州志》和(光绪)《亳州志》也认为是志散佚,如(光绪)《亳州志·杂类志》卷二十明确记载:"嘉靖志:按志已久佚,卷帙、岁月皆不可考。"由此可见,(嘉靖)《亳州志》在乾隆至光绪年间,曾一度退出世人的视线,或者在此间的修志者,不能广搜旧志,没有看到是志,就断言此志"久佚"。(嘉靖)《亳州志》共四卷,二十三目,按纪、图、表、考、传五纲统领全书,部分纲下又附有细目,为纪传体志书。虽然,纪传体方志在旧志中数量众多,经过宋代进一步完善,"成为后世修郡县志的'正统体例'",但是"讫明人修志,绝无纲领,繁冗失伦,俨似'类书''典册'"。② 由于此书据前志删益而成,在体例和资料考证等方面,均过于草率,故为后人所批评,"体例庞杂冗滥,与史书多有相混,如因殷帝、曹魏事而作商纪,魏纪,图表列帝系,人物有后妃纪,皆不合志例。所录资料,既未广征,又不暇考订"。③ 是志每页九行,每行二十一字,四边单栏,单鱼尾。刻书时间,据《中国地方志联合目录》记载:"(嘉靖)《亳州志》四卷,(明)李先芳等纂修,明嘉靖四十三年(1564)刻本。"④而刘尚恒在《中国地方志总目提要》中则认为,(嘉靖)《亳州志》"记事止于嘉靖四十四年(1565)","有嘉

---

① 金恩辉、胡述兆主编:《中国地方志总目提要》,台北:汉美图书有限公司,1996年,第12页。
② 陈光贻:《中国方志学史》,福州:福建人民出版社,1998年,第29页。
③ 金恩辉、胡述兆主编:《中国地方志总目提要》,台北:汉美图书有限公司,1996年,第12页。
④ 中国科学院北京天文台主编:《中国地方志联合目录》,北京:中华书局,1986年,第455页。

靖四十四(1565)刻本"。① 可见两部权威性著作对于同一本书的刻书年代出现异议,按(嘉靖)《亳州志·建置考》卷一记载:"军储仓在州东即旧儒学,额设仓大使一员",列出从正德年间至嘉靖年间的历任仓大使姓名,以及任职年代,其中有"□封,□□人,四十四年任"。由此可见,嘉靖四十四年之人,不可能在嘉靖四十三年刻本中出现,故笔者倾向于刘尚恒的观点,认为(嘉靖)《亳州志》应为"嘉靖四十四年刻本(1565)"。此志在编纂过程中存有不足之处,但它毕竟是目前存世最早的亳州旧志,也是唯一现存的明代亳州志书,对清代亳州旧志的编纂产生了较大的影响,在亳州旧志编纂史上,起到承前启后的关键作用,也是研究当时亳州乃至整个皖北地区历史文化和社会变迁的第一手资料,其馆藏情况在《中国地方志联合目录》中有详细记载。

(陈观)《亳州志》由于缺乏文献记载,是志的具体编纂时间、原因等,目前都无从考证,《千顷堂书目》仅存其名。据《千顷堂书目》记载:"陈观《亳州志》,(注)字尚宾,桐乡人。"②另据(道光)《亳州志·官爵志·文职表》卷二十七可知,陈观曾任明代学正,浙江乌程举人;在(光绪)《浙江通志》卷二百四十四中也有记载:"亳州志,嘉禾征献录,陈观修著,字尚宾,桐乡人。"是志早佚,其卷数、刊刻情况等内容均不详,但可以确定其为明代所修的一部志书。

二、清代亳州旧志的编纂

亳州旧志的编修在清代达到高峰,曾先后六次编修,不仅数量较多,而且质量较高,部分志书出自名家之手,在类目设置

---

① 金恩辉、胡述兆主编:《中国地方志总目提要》,台北:汉美图书有限公司,1996年,第12页。
② (清)黄虞稷撰:《千顷堂书目》,上海:上海古籍出版社,2001年,第160页。

和史料考证方面,均达到较高水平。

1. 清前期亳州旧志的编纂

(顺治)《亳州志》为清代第一部亳州旧志,始修于顺治十二年(1655),知州刘泽溥上任后曾有编修州志的意向,由于受条件限制,未能付诸实施。"予喜适善地,得抚嘉师,惟恐表正不力,有负所学,于是厚自濯磨,与士民共厉古处,但愿亳经兵火之余,害气方除,瘠颜未展,图之未易为力耳"。① 后来由于"会督学李公校士江南,首奉(准)部议,崇文修献,编下所部,征求志书。予乃诣泽宫,集绅衿,择博洽者数人,俾网罗旧文,刻期副命"。② 至顺治十三年(1656)成书。主修者刘泽溥,陕西华州(今华县)人,进士,顺治十一年(1654)任知州,传载(乾隆三十九年)《亳州志·名宦》。编纂高搏九,亳州人,明经,其文《九日谦谯楼记》收录在(光绪)《亳州志·艺文志》中。参与编纂者还有秦锡蕃、孙继森、陶崇荣等人。是志由于奉檄编修,时间紧迫,只能"刻期严督,务求速就",③从开始编纂到成书刊刻,仅用一年左右的时间。"然而旧志湮没,阙略殊多,近事荒唐,考稽未详"。④ 故此志在类目设置和内容等方面,对前志予以了补充和完善,对前志模仿的痕迹较为明显,"乃就旧志尚存者沿之,订其差讹,补其缺略",⑤但也有些内容,还是直接沿用前志,"按旧志文荒略,字迹模糊,且明万历后事与人俱不载,乃分类校正,订其舛错,凡诸载记俱沿旧本,未敢出入"。⑥ 在修志体例上,沿袭明(嘉靖)《亳州志》之体例,采用纪传体。全书共分为四卷,二十四目,分纪、图、表、考、传五纲统领全书;在类目设置上,除卷四设为"艺文、诗"类,对(嘉靖)《亳州志》有所突破和创

---

① (清)刘泽溥修:(顺治)《亳州志·刘泽溥序》,清顺治十三年(1656)刻本。
② (清)刘泽溥修:(顺治)《亳州志·刘泽溥序》,清顺治十三年(1656)刻本。
③ (清)刘泽溥修:(顺治)《亳州志》卷一,清顺治十三年(1656)刻本。
④ (清)刘泽溥修:(顺治)《亳州志·刘泽溥序》,清顺治十三年(1656)刻本。
⑤ (清)刘泽溥修:(顺治)《亳州志》卷一,清顺治十三年(1656)刻本。
⑥ (清)刘泽溥修:(顺治)《亳州志》卷四,清顺治十三年(1656)刻本。

新外,其他类目设置与(嘉靖)《亳州志》大致相同,只是在名称和归属方面作了局部调整。是志编修仓促,"延至竟岁,获睹成书"。① 宫为之认为,是志归类不当,有碍志体,但艺文较详,如其中收入的两篇《汤陵碑记》,就史料而言,"然其资料翔实,为后来乾隆五年(1740)《亳州志》的'亳都考'及(乾隆三十九年)《亳州志》的'亳都考'提供了线索"。② 顺治十三年(1656)刻本,据《中国地方志联合目录》统计,目前在国家图书馆以及中央民族大学、南京大学、浙江大学等高校图书馆中,均有收藏。

(乾隆五年)《亳州志》倡修于乾隆二年(1737)初,知州华度主修,蔡必达编纂。华度,字可含,号研斋,浙江余姚人,以荐授金檀知县,移亳州知州,著有《柳湖书院记》,收在(乾隆三十九年)《亳州志·艺文·碑记》中。据文献记载,其人注重文教,勤政为民,"下车肇兴柳湖书院,捐俸延师徒肄业其中,月课不倦。乾隆四年秋大水,秋禾尽没,大桥及两岸民房并逐涡流,度悉心救护,履亩亲勘,力请赈济,民赖以生"。③ 蔡必达,其生平不详,(乾隆五年)《亳州志·纂修姓氏》仅载"萧山县人",在(光绪)《亳州志·艺文志·诗》卷十八中,存其诗《谯楼》一首。此外,参加编修者还有陈昌会、张士宗、孙应瑞、张鲲、孟衍仁、韩俊等人。由于(顺治)《亳州志》"刻期严督,务求速就",编纂过于仓促,所以随着社会的发展,其不足之处也就逐渐显现。"顺治辛丑,虽经修辑,其中考核未当,缺略尤多且相沿日久,陈编就蠹,往迹将湮。居斯地者,能不目击而心惊乎?"④ 而在主修者华度看来,亳州旧志自顺治年间纂修以来,已有相当长一段时间,很多事实都无记述,"亳志自顺治辛丑岁修辑以来,于今七

---

① (清)刘泽溥修:(顺治)《亳州志·刘泽溥序》,清顺治十三年(1656)刻本。
② 金恩辉、胡述兆主编:《中国地方志总目提要》,台北:汉美图书有限公司,1996年,第13页。
③ (清)郑交泰修:(乾隆三十九年)《亳州志》卷七,清乾隆三十九年(1774)刻本。
④ (清)华度修:(乾隆五年)《亳州志·刘恩沛跋》,清乾隆五年(1740)刻本。

十余载。百年之事实,除'赋役'外,一无可征,亦一邑之缺事也"。① 对于百年之事实,如果不能及时续纂州志,加以追述,那么将上无以表一方之雅化,下无以扬邦人潜德之幽光,"而且使一郡之志典,徒有此残编断简,仅载前朝之数事而止,任斯土者,亦安得而不为之愍然也!"② 故华度上任伊始,便动议纂修州志。"乙卯冬杪,余自金邑承乏于亳,见旧本零落错乱,残缺不堪,当时即思订修,以秩掌伊始,次第未遑"。③ 由此可知,由于当政者重视,是志的编纂较为顺利,编修质量较前志也有所提高。"他之或因或革,不可枚举。无非悉心斟酌,以为信志。凭臆而出,任我作议,非所取矣。阅有八月而告成。复质之同学,补其不逮"。又如(乾隆五年)《亳州志·刘恩沛跋》云:"岁丙辰,华公度下车伊始,即欲修之,诸绅士无不勇往从事,逾年,志告竣,正订前书,续增后事,未当者考核而精详,缺略者搜罗而补辑,纂言纪事,纲举目张,披阅之下明如指掌矣。"是志全书共十六卷,分为八门,分别为疆域志、食货志、学校志、武备志、秩官志、选举志、人物志、艺文志,每一门下再细分小类。是志在体例上,一改前志的纪传体,而采用纲目体,较前志有很大创新,然而"是志以顺治刘志为蓝本,然较刘志稍繁。是志无蠲赈;另建置沿革为志乘纲领,是志于其分合及季世纷争,时属南属北,俱不详晰,此皆为是志不足之处"。④ 从版本看,此志九行二十字,四边双栏,单鱼尾,有清乾隆五年(1740)刻本。国家图书馆、上海图书馆和复旦大学图书馆,均有馆藏。

(乾隆三十九年)《亳州志》倡修于乾隆三十七年(1772),郑交泰主修,王云万编纂。郑交泰,广东香山(即今中山市)人,贡

---

① (清)华度修:(乾隆五年)《亳州志·华度序》,清乾隆五年(1740)刻本。
② (清)华度修:(乾隆五年)《亳州志·华度序》,清乾隆五年(1740)刻本。
③ (清)华度修:(乾隆五年)《亳州志·华度序》,清乾隆五年(1740)刻本。
④ 金恩辉、胡述兆主编:《中国地方志总目提要》,台北:汉美图书有限公司,1996年,第12页。

生,乾隆三十五年(1770)知亳州,有《书院义田记》《重修西台崇兴寺碑记》《李成邦传》《冬夜过赵旗屯题壁》等文章,收在(乾隆三十九年)《亳州志·艺文》卷十二中。王云万,江苏无锡人,当时掌教柳湖书院,(乾隆三十九年)《亳州志·艺文》卷十二中,存其作品《烈妇王氏殉节传》《烈女张偶姐传》《封武德郎谢琏传》《耿文宗救荒记》《黄天仪平籴记》等。此外,参加编修的还有张善佐、孙元煌、梁峰、吴灏、程光弼、李绎等人。关于修志原因,主修者郑交泰"旋以庚寅,自阜邑擢牧亳州。州上承雍豫,下达淮泗,凤推紧望,绥辑为难。急索旧志观之,不无缺略,爰有志修葺而未遑也"。① 加之"壬辰,岁获有秋,物诚人和。州中绅士亦以旧志阔于修者有年,合词请达上宪,俯俞增纂"。② 于是,郑交泰动议重修州志,"适锡山香尘王先生掌教柳湖,雅意编摩,因遴州士之端悉者,悉心采访,而交泰为之核实。簿书之暇,共相商确(榷),为帙十二、为类二十有四"。③ 是志采用平目体,全书共十三卷,正文十二卷,首一卷,正文分二十四类,加上附录共有三十一目。据(乾隆三十九年)《亳州志·郑交泰序》可知,"惜亳经兵燹,古碑亡佚,书籍一空,文献无征,考据未易"。由于受乾嘉考据学派的影响,是志的纂修者广征博引,详加考证,"兹编虽间有采择,而体例既别,详略异殊,大要讨源于二十二史,旁摭群籍故典旧闻,凡有裨斯著者,靡不广搜互证,总期详核无遗,用备后人考订,所仍旧志十之二而已"。④ 故内容之翔实、证据之确凿,均超越前志。如宫为之所云:亳县是全

---

① (清)郑交泰修:(乾隆三十九年)《亳州志·郑交泰序》,清乾隆三十九年(1774)刻本。
② (清)郑交泰修:(乾隆三十九年)《亳州志·郑交泰序》,清乾隆三十九年(1774)刻本。
③ (清)郑交泰修:(乾隆三十九年)《亳州志·郑交泰序》,清乾隆三十九年(1774)刻本。
④ (清)郑交泰修:(乾隆三十九年)《亳州志·修志凡例》,清乾隆三十九年(1774)刻本。

国四大药地之一,"古迹"中记载了"唐武德中析城府置药城",为中国医药史提供了重要资料。"订讹"中收有"木兰",其中云:"奏请省视还谯",为花木兰是亳州人之说提供了历史证据。是志考据确凿,如《左传》:"帅师伐陈,取焦夷。"人们一直认为是谯、夷两县,而编修者通过杜预注考证出:"焦"为"谯县","夷"实为"城父",汉以后才划为城父县。这为历史地理的研究提供了珍贵的资料。① 另外,是志保存了大量与当地有关的文献,"艺文"几乎占全书的三分之一,仅碑文就达40余篇,为考察亳州乃至整个皖北历史文化和社会变迁保存了重要资料。从版本看,四边双栏,九行二十字,单鱼尾,有乾隆三十九年(1774)刻本。据《中国地方志总目提要》统计,目前在北京大学、故宫博物院、上海图书馆、南京大学、浙江图书馆等处,均有收藏。

(乾隆五十五年)《亳州志》裴振主修,章学诚编纂。裴振,山西曲沃进士,乾隆五十二年(1787)任亳州知州;章学诚,字实斋,号少岩,浙江会稽(今绍兴)人,曾编纂《湖北通志》《和州志》等地方志书,为清代著名的历史学家和文献学家。乾隆五十三年冬,章学诚受知州裴振之聘,从归德文正书院,"迁家亳州,侨居逼仄"。② 次年,"(乾隆五十四年)是年秋冬,在亳州时,为知州裴振修州志"。③ 其间,虽多次离亳远游,至乾隆五十五年(1790),"值裴使君修亳州志,命掌故钞书",④ 是年二月成书。章学诚对此本志书非常得意,曾云:"今日撰《亳州志》,颇有新

---

① 金恩辉、胡述兆主编:《中国地方志总目提要》,台北:汉美图书有限公司,1996年,第12页。
② 章学诚:《章学诚遗书·瀹云山房乙卯藏书日记》,北京:文物出版社,1985年,第219页。
③ 季羡林主编:《胡适全集》第一卷,合肥:安徽教育出版社,2003年,第93页。
④ 章学诚:《章学诚遗书·跋酉冬戌春志余草》,北京:文物出版社,1985年,第325页。

得,视《和州》《永清》之志,一半为土苴矣"。①"此志拟之于史,当与陈、范抗行,义理之精,则又《文史通义》中最上乘也,世人忽近贵远,自不察耳。后世是非,终有定评,如有良史才出,读《亳志》而心知其意,不特方志奉为开山之祖,即史家得其一二精义,亦当尊为不祧之宗,此中自信颇真,言大实非夸也。"②甚至,自认为在宋人诸方志中,固有过之而无不及的《永清新志》,也不得与《亳志》并论。由于主修者离任,是志未及刊刻,加之章氏底稿丢失,致使此书的卷数、内容等情况都不得而知,甚至有些学者对此志是否成书都提出质疑:"章学诚的《亳州志》,方志界普遍认为:撰成而失传。但根据《章氏遗书》的记载以及笔者在接触现存《亳州志》的过程中,对这个'撰成而失传'的定论产生了怀疑。"③宫为之在(乾隆三十九年)《亳州志》和(道光)《亳州志》的序言和修志凡例,以及(光绪)《亳州志》中的"旧志序跋"和"旧存学宫书籍目录"中,均未发现有关是志的信息,于是认为"从上面的'修志源流'到佚志存目来看,关键不在是否已经散佚,而在于它根本就没有修成,所以道光志和光绪志不谈所谓的章志,这是理所当然的事"。④ 随后又根据章学诚从乾隆五十三年冬到乾隆五十五年春的活动情况,认为章氏行色匆匆,终岁奔波,没有时间修志,故断言:"章学诚于乾隆五十三年冬,应亳州知州裴振的邀请举家迁亳,纂修《亳州志》,乃是事实,并打算在总结长期修志实践的基础上,提出一些新的见解,但未能如愿,仅仅写好了六则'例议'。"⑤笔者认为此观点还有待商榷,首先,后志中的修志凡例或修志源流,并非对每种前志

---

① 章学诚:《章学诚遗书·又与永清论文》,北京:文物出版社,1985年,第86页。
② 章学诚:《章学诚遗书·又与永清论文》,北京:文物出版社,1985年,第86~87页。
③ 宫为之:《皖志史稿》,合肥:安徽人民出版社,1997年,第360页。
④ 宫为之:《皖志史稿》,合肥:安徽人民出版社,1997年,第360页。
⑤ 宫为之:《皖志史稿》,合肥:安徽人民出版社,1997年,第367页。

均作记载。如(陈观)《亳州志》虽在现存亳州旧志中均未有记载,但我们并不能依此断定它没有编纂成书。我们根据(道光)《亳州志·官爵志·文职》卷二十七可知,主修者裴振,乾隆五十二年任亳州知州,乾隆五十三年离任,王本智接任,同年裴振二任知州,而乾隆五十五年,裴振再次离任,为宋思楷所继,短短两三年的时间,四换知州,致使此志未能刊刻,书稿散佚。不为后来修志者所记载,并不能完全说明没有成书。其次,一方之志,乃是集体智慧的结晶,主要编纂者往往负责体例设定、类目设置等关键性任务,并非做所有的工作,有些类目的序例、义例并非要在固定地点撰写,况章学诚即使远游,也常"箧携文墨",故仅从在亳的活动时间上,并不能完全判断此志没有成书。另外,在此之前所修的三种清代旧志,当时保存较为完整,尤其是(乾隆三十九年)《亳州志》,资料翔实,考证确凿,为是志的纂修提供了丰富的参考资料。加之"主人雅相信任,不以一语旁参,与足下同,而地广道远,仆又逼于楚行,四乡名迹,未尽游涉,而霜妇之现存者,不能与之面询委屈,差觉不如《永清》;然文献足征,又较《永清》为远胜矣",①故章氏编修是志的时间不会太长,加之主修者更换频繁,时不待人,更会加紧纂修的。他自己也说:"念及于此,而日暮途长,勉求进业,以庶几于立言之寡愆,真有汲汲不容稍缓者已。《亳志》俟有刻本,再当奉寄。"②

综上所述,笔者认为(乾隆五十五年)《亳州志》编修成书,由于主修者离任,在"俟有刻本"时书稿散佚,其内容不得而知,"但是有一点可以肯定,这部方志是他方志理论成熟阶段所修,

---

① 章学诚:《章学诚遗书·又与永清论文》,北京:文物出版社,1985年,第86页。
② 章学诚:《章学诚遗书·又与永清论文》,北京:文物出版社,1985年,第87页。

方志分立三书的理论和实践到这部方志均已完成"。①

2. 清后期亳州旧志的编纂

（道光）《亳州志》始修于道光三年(1823)，任寿世主修，刘开、陈恩德编纂。据（道光）《亳州志·官爵志·文职》卷二十七可知，任寿世，字齐峰，浙江钱塘（今杭州）人，道光元年(1821)九月和道光五年(1825)二月，先后两任亳州知州。在任时"修堤防、浚畎浍、辑志乘，皆关为政大体，以其余力修葺废坠，如文昌宫等处焕然一新，士民不忘其惠"；②刘开，字孟涂，安徽桐城人，庠生，（道光）《亳州志·艺文志·诗赋》卷三十九中，收其《谯阳观牡丹歌》《牡丹后歌》《亳城怀古五首》《汤陵有怀四首》《魏武帝故宅》等诗文，著有《刘孟涂全集》；据（道光）《亳州志·修志姓氏》记载，陈恩德，字晚香，浙江仁和人，举人。参加纂修者还有孙得伟、戴逢年、高华、彭凤来、陈永淳、吴世科等人。乾隆年间虽两次修志，由于社会发展，已不能满足当时需要，如主修者任寿世所云："考郑志修于乾隆癸巳，迄今已五十余年，其风土不无异宜，人情不无异尚。于旧志所载或有未尽合者，时欲采辑而未遑。"③尽管（乾隆三十九年）《亳州志》考证精详、资料翔实，但是时隔较长，如不及时续修州志，"户口之登下几何？物产之赢缩几何？祲祥水旱之征验几何？人才辈出，时事迭更，非及时编辑，则废坠益甚"。④当时安徽巡抚陶澍奏修《安徽通志》，要求各府、州、县均应修志，于是知州任寿世动议修志，并延请刘开为之编纂。"癸未冬，会大中丞陶长沙公有创修省

---

① 仓修良：《文史通义新编新注》，杭州：浙江古籍出版社，2005年，第728页。
② （清）钟泰、宗能徵修：（光绪）《亳州志》，卷十，清光绪二十年(1894)活字本。
③ （清）任寿世修：（道光）《亳州志·任寿世序》，清道光五年(1825)古谯官舍刻本。
④ （清）任寿世修：（道光）《亳州志·胡调元序》，清道光五年(1825)古谯官舍刻本。

志之举,因延桐城刘孟涂先生主其事。孟涂于学无所不窥,人知其辞章之巨丽,或未知其考据之精核也"。① 遗憾的是在此志编修过程中,作为是书的主要纂修者刘开过世,由继任者陈恩德续纂而成。"越甲申七月,纂辑已过半,而孟涂遽先朝露。复与州之贤士大夫续加搜讨,至乙酉八月而全书告成"。② 是书虽如(道光)《亳州志·张鳞序》所云,"志例谨严,考证详审,事增而文省"。但此志的主要秉笔者非一人而任,难免有不足之处。故(光绪)《亳州志·修志凡例》云:"惜修辑未出一手,斯题例因多不合。"全书共四十四卷,正文四十三卷,首一卷。正文分十大类,八十七小类。据宫为之统计,舆地志占全书四分之一,达11万多字。是志修志凡例虽云"门类、卷数皆遵陶大中丞颁发章程",但大致内容,与前志相仿,是在(乾隆三十九年)《亳州志》的基础上编纂而成。"兹就郑志之偏执者正之,缺略者补之,所因十之四,所增十之六。而欲'建置'、'沿革'加以辨论;'山川'、'沟渠'加以精详;'田赋'、'物产'、'学校'、'人物'加以博洽。庶使后之览者,可以知古今之盛衰,究政治之得失,稽风土之盈虚,察人情之利弊;而又参之于古,证之以今,于以教焉养焉,庶可无旷厥职也已"。③ 其版本左右双栏,单鱼尾,十行二十一字,有道光五年(1825)古谯官舍刻本。目前在中国科学院、北京大学、南京大学、中国科学院南京地理研究所等处的图书馆,均有藏书。

(光绪)《亳州志》倡修于同治年间,历经多人纂修,至光绪二十一年(1894)最终付梓成书。据(光绪)《亳州志·纂修》卷首:"钟泰、陈晋、王懋勋、宗能徵纂修。"钟泰,汉军正蓝旗(今内

---

① (清)任寿世修:(道光)《亳州志·任寿世序》,清道光五年(1825)古谯官舍刻本。
② (清)任寿世修:(道光)《亳州志·任寿世序》,清道光五年(1825)古谯官舍刻本。
③ (清)任寿世修:(道光)《亳州志·任寿世序》,清道光五年(1825)古谯官舍刻本。

蒙古自治区锡林郭勒盟)人,举人,代理县事,同治八年(1869)任。是年应《安徽通志》纂修需要,钟泰动议续修州志,当时已初具规模。陈晋,浙江会稽人,监生,光绪十四年(1888)五月任,认为(道光)《亳州志》"阅寒暑六十于兹矣,中值发逆,驿骚文献之存,十不获一,及今不辑,久益无征"。① 次年,根据钟泰所纂稿本,并仿照(道光)《亳州志》的体例,于光绪十七年(1891)重新编纂,"同治八年,前州牧钟公以修省志,故采辑捆具未竟也,公盖成之。余闻之忻然,曰此志余志也。于是申详大府,乙丑冬十月,设局延袁君升伯主其事,与夫都人士斟酌损益,补缀遗亡,而其体例大端,则仍以原书为主。原书者,孟涂刘先生之笔也。事将半,先生遽先朝露,代者不能通知大意,往往有泛滥无当,承讹袭谬而未及更正者。兹编纂辑略加删汰,并校雠讹误数十事。辛卯初夏,属稿甫就,而余心将解组矣"。② 王懋勋,湖北松□人,先后三次在亳州任职。在其序中云:"然当时政体沿革、舆地分割、授命死绥、完贞殉节、建绩衵功,以及前此耆臣孝子、高士畸人,未经载入者,固已历历在目,啧啧在口,欲修辑之以继古而传后。"于是便"询诸绅士,佥云:前刺史陈公已会集耆宿,博稽详采,延请吴兴□□伯副车编次纂修,积稿盈尺。窃幸蓄之二十余年者,将成之于一旦"。③ 由于纂修者各持己见,而最终未能如愿。"光绪十五年,陈筱山刺史延泰州袁升伯明经,因同治年间钟刺史所辑稿本,详加增订,其大端仍沿袭乎任志,嗣王弼臣刺史复延州人陈皞民广文,商丘袁小驷

---

① (清)钟泰、宗能徵修:(光绪)《亳州志·陈晋序》,清光绪二十年(1894)活字本。
② (清)钟泰、宗能徵修:(光绪)《亳州志·陈晋序》,清光绪二十年(1894)活字本。
③ (清)钟泰、宗能徵修:(光绪)《亳州志·王懋勋序》,清光绪二十年(1894)活字本。

主政,重加纂校,而意见各别,究未可以成书"。① 宗能徵,浙江会稽(今绍兴)人,光绪十九年(1893)任知州,其《道德中宫谒老子像》《谒华佗祠》《希夷故里口占》等诗文,收在(光绪)《亳州志·艺文志·诗》卷十八中。其序中云:上任伊始,"得阅任霁峰刺史所纂州志,并钟、陈、王三刺史所辑志稿,蠹简鸿编,广搜靡缺。其于风土人情,山川图记,复罗列如指上纹,举而措之,吻相合焉",于是参照(道光)《亳州志》,依据钟、陈、王三家之辑稿,"征获从诸君子后,终事纂修,不计冗烦,详加考核。繁者汰,略者增,疑者缺以待。阅两春秋,始克臻事"。② 此外,参加纂修者还有江有声、吴承源、项汝瑚、袁登庸、陈春融等人。是志共二十一卷,正文二十卷,首一卷,分十二大类,七十五子目,有志有表有传,且以类相附,为后人所称颂。"虽体承前志,但克服了前志分目过繁的弊端。体例完备,资料翔实,考据亦精。艺文志收二百二十六部著述,著有撰者,有序皆收,保存了地方文献"。③ 有光绪二十年(1894)活字本,目前在中国科学院、北京大学、复旦大学、南京大学、北京师范大学、武汉大学、安徽大学、安徽师范大学等处的图书馆,均有收藏。

三、民国亳州旧志的编纂

民国时期编纂的亳州旧志仅有一种,内容非常简略,类目设置既带有旧志的痕迹,又具有新志的雏形,是旧志向新志过渡的重要标志。

《亳县志略》,刘治堂纂修,民国二十五年(1936)编纂成书。据《亳县志略·现任县长略历》可知,刘治堂,河南巩县人,清优

---

① (清)钟泰、宗能徵修:(光绪)《亳州志·修志凡例》,清光绪二十年(1894)活字本。
② (清)钟泰、宗能徵修:(光绪)《亳州志·宗能徵序》,清光绪二十年(1894)活字本。
③ 金恩辉、胡述兆主编:《中国地方志总目提要》,台北:汉美图书有限公司,1996年,第12页。

附生，就学于河南省法政专门学校，历任陕西延川、横山、府谷等县知事，后因功升用，复任陕西榆林、神木，河南阳武等县县长；民国二十二年（1933），任安徽蒙城县县长，民国二十三年（1934）十月，调任亳县县长。是志不分卷，正文分十三类，三十九子目，后附有"现任县长略历"和"行政事项节要"两项。宫为之把全书内容大致归为三种，他说："亳县民国初属第七行政督察专员公署管辖。是志记载简略，分三部分：一是亳县概况：自然，山川，水陆交通等；二是社会概况：人口，政府组织结构，财政收支，风土民情，文化卫生等；三是施政方针：民政，财政，教育，建设等。"①是志虽然简略，其中公安，财政、邮政、金融、新闻事业等类目的设置，具有明显的时代性，对研究民国时期的当地社会状况，具有重要价值。有民国二十五年（1936）铅印本，目前在北京大学、武汉大学图书馆，以及浙江图书馆等处，均有馆藏。

---

① 金恩辉、胡述兆主编：《中国地方志总目提要》，台北：汉美图书有限公司，1996年，第12页。

第二章 亳州旧志编纂与价值

第一节 亳州旧志的编纂理论

一、关于方志的性质

方志具有何种性质,一直存有争议。起初方志大都被归入史部地理类,视为地理之书。如唐代刘知几云:"九州土宇,万国山川,物产殊宜,风化异俗。如各志其本国,足以明此一方。若盛弘之《荆州记》,常璩《华阳国志》,辛氏《三秦》,罗含《湘中》。此之谓地理书者也。"①宋元时期,方志趋于定型,所记内容亦不再局限于地理沿革,政治、经济及人文内容有所增加。除"方志地理说"外,出现了"方志历史说",视方志为历史著作,属于历史学范畴。如郑樵在《通志·总叙》中云:"古者,记事之史谓之志。《书·大传》曰:天子有问,无以对,责之疑;有思而不史,责之丞。是以宋郑之史,皆谓之志。"明清时期,方志的历史属性,被越来越多的学者所接受,随后两种观点长期对峙,甚至在清乾嘉时期,发生了分别以戴震和章学诚为代表的"章、戴

---
① 刘知几:《史通·杂述》,长沙:岳麓书社,1993年,第96页。

方志之争",此次论战情况保存在《记与戴东原论修志》中。"民国时,不少修志家和学者折衷两说,提出了方志既是地理书,又是历史书,史地兼而有之的主张"。①

我们从现存亳州旧志可知,《亳州志》的纂修者大都坚持"方志历史说"。有的直接提出"诚以邑之有志,尤国之有史"②的看法。如高搏九云:"志虽郡乘,犹国史也,春秋之义备焉,脱有善不传、有美弗章,固典土之责,亦士君子之耻也。"③章学诚在《亳州志·掌故例议下》亦云:"部府州县之志,乃国史之分体。拟于周制,犹晋《乘》、楚《梼杌》与鲁《春秋》也。郡县异于封建,则掌故皆出朝廷之制度耳。六曹职掌,在上颁而行之,在下承而奉之,较之国史,具体而微。"④在《亳州志·人物表例议下》又云:"虽曰一方之志,亦国史之具体而微矣。"⑤郑交泰、宗能徵等则认为,方志在功能上同于史,均具有资政作用,"因思作志,同于作史,均为后日权舆"。⑥"国有史,邑有志。志,史材也,亦治谱也。民镜于志以自治,吏即本于志以出治"。⑦ 还有的在方志的编修过程中,突出史的职能和作用。如苏祐认为,(嘉靖)《亳州志》可谓一方之信史,在教化方面发挥较大作用,"使郡人小惩而大诫,得以寡过,何其际也"。故又云:"今读郡志,而流览表传,所谓不出户庭而知通塞也。其禁足之意,益宣

---

① 黄苇:《方志学》,上海:复旦大学出版社,1993年,第289页。
② (清)任寿世修:(道光)《亳州志·胡调元序》,清道光五年(1825)古谯官舍刻本。
③ (清)刘泽溥修:(顺治)《亳州志·郡志补》卷四,清顺治十三年(1656)刻本。
④ 章学诚著,叶瑛校注:《文史通义校注》,北京:中华书局,1985年,第817页。
⑤ 章学诚著,叶瑛校注:《文史通义校注》,北京:中华书局,1985年,第808页。
⑥ (清)郑交泰修:(乾隆三十九年)《亳州志·郑交泰序》,清乾隆三十九年(1774)刻本。
⑦ (清)钟泰、宗能徵修:(光绪)《亳州志·宗能徵序》,清光绪二十年(1894)活字本。

邑。是故览商,魏'表记',则三风十愆、欺天虐民者,知所禁矣;览'秩宫'、'人物'诸表传,则贪墨见襭、雄据而肆欺隐者,知所禁矣;览'建置'、'田赋'、'学校'、'兵卫'、'材胥'、'古迹'诸考,则曲防厚敛、青衿在城阙尾大不掉、舞文法老死无称述者,知所禁矣;览'忠义'、'孝友'、'隐逸'、'烈女'、'方外'诸传,则悖天常、琐尾声利、贰心闺阃、藉苦空而弋愉乐者,知所禁矣。之数者咸有所禁而不敢为,则理财正词,禁民为非者,莫辨乎志矣。"①这是地理书籍所无法做到的。又如(顺治)《亳州志·秦锡蕃跋》所云:"刘君政成一载,才擅三长,校正是役。山川之广袤、生齿之繁息、赋税之错等、名哲之先后,斌斌乎全书矣。"他认为是志不仅包含地理山川,还有人口、赋税、人物等内容。又如(乾隆五年)《亳州志·刘恩沛跋》:"魏晋而下,若夏侯氏之孝友、陈图南之性理、鲁参政之忠直、薛考功之谏礼、李方伯之勋猷,皆古今所稀少,桑梓之典型。今一展卷,其风穆然,其人如在,观遗文而思振兴,景前贤而勤则效,则亳之伟人杰士,将济济其日出矣。"在刘恩沛看来,是志中详细记载了当地历史名人,让后人学习他们的高尚品德,读是志可以激励郡人奋发有为。这些功效,对地理书而言是很难达到的。又如(光绪)《亳州志》纂修者之一宗能徵,在阐述自己编纂是志所遵循的准则时说:"徵幼观先乡贤公纂修湖南《永州府志》、山东《济宁州志》。少壮随侍南归,复见议修《绍兴府志》,窃喜史法严正,足以彰善瘅恶,使为者知所敬戒,阅者有所会心。兹编效法前规,未敢稍存私见,在有识当共喻之,岂秉笔者所能为之粉饰耶。"②总之,上述亳州旧志的纂修者们,虽然没有直说方志乃史,但是在编修志书的过程中,均注重发挥方志的史鉴作用,强调方志的历史属性。

---

① (明)李先芳修:(嘉靖)《亳州志·苏祐序》,明嘉靖四十三年(1564)刻本。
② (清)钟泰、宗能徵修:(光绪)《亳州志·修志凡例》,清光绪二十年(1894)活字本。

二、关于方志的功用

方志是记载一个地区政治、经济、文化等社会历史和现状的综合性著作。由于方志资料翔实、内容丰富,历来为人们所重视,其"资政、存史、教化"的功能,也普遍为人们所认可。

一方面,在亳州旧志的编纂者看来,是地"犹为四方辏集,疑不可以小国寡民之治治者"。①加之当时很多地方官是从外地调任而来,对当地的情况了解甚少,为尽快掌握当地的山川地貌、风土人情及盛衰得失等情况,以便更好地为政一方,不得不借助于旧志。如(道光)《亳州志·任寿世序》所云:"非详览志乘,何以窥其原哉?余于道光元年秋奉命来牧是邦,下车日即索旧志观之,于亳之盛衰得失略识一二焉。"又如(乾隆三十九年)《亳州志·郑交泰序》云:"居是任者,非知古知今,知宜知俗,何以称名而践实?故衷前善后,惟故籍是求。"而宗能徵则说得更加直白:"察形势,稽户口,纪沿革,振愚顽,阐幽烛隐,考鉴得失,将于是乎在","民镜于志以自治,吏即本于志以出治","夫以徵之拙于从政,得借助于志,而所虑为未闻者,一一以志治之。诚哉,志之有裨于吏治也!"②由此可知,方志之所以受当时地方官重视,关键在于它的资政功能是其他文献所无法代替的。另一方面,在志书的编纂过程中,一些亳州旧志的纂修者,把有利于吏治作为志书编修的主要指导思想。如任寿世云:"故欲修辑亳志,必同条共贯,列眉指掌,然后牧民之吏始克审其宜,而异其施也。"③张师诚也认为:"夫州县之所以必有志,岂惟是备其掌故、侈为观美云乎?盖惟牧令与民至亲必当有,以

---

① (清)刘泽溥修:(顺治)《亳州志·李来泰序》,清顺治十三年(1656)刻本。
② (清)钟泰、宗能徵修:(光绪)《亳州志·宗能徵序》,清光绪二十年(1894)活字本。
③ (清)任寿世修:(道光)《亳州志·任寿世序》,清道光五年(1825)古谯官舍刻本。

知其户口之盈虚、风俗之美恶、人才之盛衰,则政事之得失系焉,而皆将于志乎征之。"① 在宗能徵看来,志书的资政功能,不仅关乎一时之治,还有利于长远之治。故云:"然睹是志,足以匡治体之不逮,而徵固不敢居功于志,而志且大有功于徵也。异日览是志者,有以自治,即有以出治,蒸蒸然上成圣朝邱治之隆,则是志且与史册增光,一邑之谱云乎哉!是又徵所厚望于来者。"② 总之,牧令者详览志乘,窥其原委,考鉴得失,以期邱治之隆,故方志"其有关于治理者甚钜"。③

在封建社会,统治者非常清楚,"善政,不如善教之得民心也"。④ 作为地方官的任寿世,与百姓接触较多,体会颇深,故云:"牧令何职乎?职在教养而已。"在他看来,"然或刻意教养,而迄无成效。其故何欤?一因泥乎古,一因徇乎今;泥古则不知变通,徇今则不知匡救,二者交失之"。那么应该如何做呢?"故牧民者必究心于盛衰得失之故,人情风土之宜,而后偏者补之,弊者救之,所谓因其势而利导也。非详览志乘,何以窥其原哉?"只有借志出教,才能较好地达到善教于民的目的。"庶使后之览者,可以知古今之盛衰,究政治之得失,稽风土之盈虚,察人情之利弊;而又参之于古,证之以今,于以教焉养焉,庶可无旷厥职也已"。⑤ 此外,亳州旧志的编纂者认为,亳州历史上名人辈出,在很多方面为后人做出了榜样。一方面,应借助修志为其立传,表彰前贤以励后人。如若不然,那些政绩可观之良牧、品谊足述之乡人,随着时间的流逝,将湮灭无存,如果"莫

---

① (清)任寿世修:(道光)《亳州志·张师诚序》,清道光五年(1825)古谯官舍刻本。
② (清)钟泰、宗能徵修:(光绪)《亳州志·宗能徵序》,清光绪二十年(1894)活字本。
③ (清)任寿世修:(道光)《亳州志·胡调元序》,清道光五年(1825)古谯官舍刻本。
④ 焦循撰,沈文卓点校:《孟子正义》,北京:中华书局,1987年,第897页。
⑤ (清)任寿世修:(道光)《亳州志·任寿世序》,清道光五年(1825)古谯官舍刻本。

为之纪,虽美而弗传;莫为之文,虽传而弗著"。① 另一方面,借助方志表彰前贤,还可达到移风易俗、教化乡里的目的。"既为拔其士之贤者复书表,其女子之节且孝者刻之贞石,以风邑人而申告之,以太平之化日久,以长俾知朴且知礼,以销镕其在昔好斗之余习"。② 方志的教化功能还体现在警示后人不敢为所欲为,应有所禁忌,从而"使郡人小惩而大诫,得以寡过,何其际也"。③

方志于一地之民风土俗、建置物产、人物古迹等虽微必录,无不详备。"志者何记也?将以记一时之事实,而备百代之掌故也。自陈寿创为《三国志》后,世遂沿其例,凡边徼中原、通都大邑,疆域之广狭、人物之盛衰、风气之升降、吏治之得失,无不有志以记之"。④ 方志汇全郡之事于一书,可为撰修地方史乃至国史提供史料。如(光绪)《亳州志·宗能徵序》所云:"国有史,邑有志。志,史材也,亦治谱也。"章学诚在《亳州志·人物表例议下》论及方志人物传时也指出:"方志为国史所取裁,则列人物而为传,宜较国史加详。"⑤清朝时期,由于编修一统志、会典等全国性史书,要求各地奉檄修志,以备采辑。如(顺治)《亳州志·刘泽溥序》云:"会督学李公校士江南,首奉(准)部议,崇文修献,编下所部,征求志书。予乃诣泽宫,集绅衿,择博洽者数人,俾网罗旧文,刻期副命。"又如张师诚自江苏调任安徽时,接陶澍继修省志,自认为府、州、县各有志,取材便利,修之不难,"适前抚陶云汀中丞,有奏修《安徽通志》之举,甫倡厥

---

① (清)华度修:(乾隆五年)《亳州志·华度序》,清乾隆五年(1740)刻本。
② (清)郑交泰修:(乾隆三十九年)《亳州志·朱筠序》,清乾隆三十九年(1774)刻本。
③ (明)李先芳修:(嘉靖)《亳州志·苏祐序》,明嘉靖四十三年(1564)刻本。
④ (清)钟泰、宗能徵修:(光绪)《亳州志·王懋勋序》,清光绪二十年(1894)活字本。
⑤ 章学诚著,叶瑛校注:《文史通义校注》,北京:中华书局,1985年,第808页。

始而余代之,窃意安徽八府五州,府州当各有志,府与州之属州、属县,又当各有志,综而辑之,自应无难。"① 此外,从编修目的看,一些纂修者认为修志同于修史,故于一地之史实不厌其详,以备考核,"匹夫匹妇、蒙难履霜,英魂义骨、崚嶒霄汉,皆于寸颖墨渍中,全盘托出。且钱粮徭役,因时繁简,勒之成书,以俟后贤"。② 也正是这种存史功能,才使得有关当地的珍贵史料,得以保存下来。综上所述,方志的功能主要体现在资政、教化、存史三个方面,而其他功能也是在此基础上的延伸或就某方面有所侧重而已。

三、关于方志的编修要求

清代著名方志学家章学诚认为,一方之志即为一方之史,故在方志的编修上,提倡注重章法,主张应以史家法度纂修一地之志。"虽曰一方之志,亦国史之具体而微矣"。③ 事实上,这种把修史理论应用到修志之中的思想,在章学诚之前,一些亳州旧志的编纂者,已在修志实践中,进行了有益的探求和尝试。如华度云:"盖志犹史也,例有一定,笔贵精严,是非不失其实,褒称唯当其宜。含糊固属未协,穿凿亦所无庸。试观列朝文史,其规模之整饬,字义之精核,有不容差之毫厘者。笔墨之事,诚不得苟焉者也。"随后,他又以木兰和陈抟之事为例,进一步举例说明修志应注重史实,以修"信志"的标准指导是志的纂修。"志中有史无明文,两存其说。如木兰女,系元魏朝人,又以为隋末事是也。在功勋性理,不得例以方外。如陈希夷学启周、邵,应列之'人物考'中是也。他之或因或革,不可枚举。

---

① (清)任寿世修:(道光)《亳州志·张师诚序》,清道光五年(1825)古谯官舍刻本。
② (清)刘泽溥修:(顺治)《亳州志·刘泽溥序》,清顺治十三年(1656)刻本。
③ 章学诚著,叶瑛校注:《文史通义校注》,北京:中华书局,1985年,第808页。

无非悉心斟酌,以为信志。凭臆而出,任我作议,非所取矣"。①由于是志史料翔实,加之主修者的重视,故为当时人所称赞。"正订前书、续增后事,未当者考核而精详、缺略者搜罗而补辑,纂言纪事,纲举目张,批阅之下,明如指掌矣"。② 又如郑交泰认为修志同于修史,难在著述,惟恐蹈袭前人,故在纂修志书时,旁征博引,精于考证。"兹编之成,采访者既共矢虚衷,而故典之讹者,复为订正二十余条"。③

坚持实事求是,"反对以己意增饰"。如(嘉靖)《亳州志·凡例》中规定,在编修是志时,强调要尊重史实,对前志中不确定的内容进行考证,有违常理的内容,摒弃不用。"旧志有妄诞不经,如老子骑白鹿缘桧树升天,木兰女隋恭帝欲纳宫中,木兰不从缢死,陈抟生卤球中,渔人得于网,将烹,雷电大震,裂而出抟,悉删去"。同时,在材料的选择上,也要求实事求是,坚持有所录、有所不录的原则。"旧志有十景,今存其名:曰神农古冢、老子仙乡、桑林烟雨、桐宫夜月、涡水渔歌、□林牧唱、读书精舍、大飨灵碑、双台夕照、九里春光,诗文冗俗不录"。④ 由于修志要求略古详今,故其局限性则是书中有很多不切实际的溢美之词,"由于旧志编修人员多是邑人,或从外地礼聘而来,再加之地方官绅主修,或爱乡心切,或受人之托,结果互为标榜,浮夸乡里、美化当政宦迹的现象极为普遍"。⑤ 亳州旧志虽然不同程度存在此类情况,但是部分编修者已经意识到此类问题的危害,在序言中一再强调要实事求是,反对主观感情的任意发挥。如(顺治)《亳州志》主修者刘泽溥要求参修者:"惟公惟慎,

---

① (清)华度修:(乾隆五年)《亳州志·华度序》,清乾隆五年(1740)刻本。
② (清)华度修:(乾隆五年)《亳州志·刘恩沛跋》,清乾隆五年(1740)刻本。
③ (清)郑交泰修:(乾隆三十九年)《亳州志·郑交泰序》,清乾隆三十九年(1774)刻本。
④ (明)李先芳修:(嘉靖)《亳州志·凡例》,明嘉靖四十三年(1564)刻本。
⑤ 王德恒、许明辉、贾辉铭:《中国方志学》,北京:文化艺术出版社,1994年,第194页。

罔敢恣臆，庶可谓不负纂修者矣。"①作为是志主要纂修者之一的秦锡蕃，也一再强调，"封山表（渍），画井分疆，褒辑人物，条列事迹，摭实援旧，无以已意增饰者是也"，"一代聿兴，遴集往事，厘次补遗，续成前志，修之不容己也"。② 从编纂过程看，志书的编修者大都以审慎的态度对待史实，一方面尽力做到"制必原其所自，事必求其有据"；③另一方面则去伪存真，对于实在无法考证的史事，采取存疑的方法，"旧有者各归各项，分清眉目。浮伪则去之，遗漏则增之，新入者核之。共闻本诸确见，既屏伪以存真，亦求简而可括。至于年远人遥，沧桑迁变，耳目之所难及，考证之所无从，或仍其旧，或阙其疑"。④ 这种尽量尊重事实、尊重历史的修志精神，在当时无疑是一种进步。

根据黄苇的观点，我国古代方志依其详略不同，大体可分为尚繁、尚简两类。"尚繁型志书内容详尽，材料丰富，能全面、系统地反映一地历史与现状，体现地方特色，增强方志实用价值，虽难免有部分流于芜杂，文字叙述不够流畅，但就内容而言，还是可资取的；简志载记简约，文笔流畅，可读性强，虽可反映一地概况，体现地方特色，但资料不及繁志。"⑤而根据现存亳州旧志可知，一些志书的编纂者则主张修志应繁简适中。"且夫志者，征信之书也，太繁不可，太简亦不可"。⑥（道光）《亳州志·张鳞序》也称赞是志"志例谨严，考证详审，事增而文省"。章学诚在《亳州志·掌故例议下》中则认为，志书的简略并非单纯地删文减字，"而或误以并省事迹，删削文字，谓之简也。其

---

① （清）刘泽溥修：（顺治）《亳州志·刘泽溥序》，清顺治十三年（1656）刻本。
② （清）刘泽溥修：（顺治）《亳州志·秦锡蕃跋》，清顺治十三年（1656）刻本。
③ （清）郑交泰修：（乾隆三十九年）《亳州志·郑交泰序》，清乾隆三十九年（1774）刻本。
④ （清）华度修：（乾隆五年）《亳州志·华度序》，清乾隆五年（1740）刻本。
⑤ 黄苇等：《方志学》，上海：复旦大学出版社，1993年，第356页。
⑥ （清）任寿世修：（道光）《亳州志·任寿世序》，清道光五年（1825）古谯官舍刻本。

去古人,不亦远乎?"其繁简之道关键在于是否有意义,"夫名家撰述,意之所在,必有别裁,或详人之所略,或弃人之所取,初无一成之法。要读之者,美爱传久,而恍然见义于事文间,斯乃有关于名教也"。①

亳州旧志的编纂理论除上述外,还体现在注重编纂的规范化,提倡朴实的文风,主张旁征博引等方面,限于篇幅,本书不再赘述。

第二节 亳州旧志的体例结构

一、亳州旧志的体例演变情况

方志把一地之疆域、沿革、赋役、人物、古迹等方方面面的内容,有条不紊地记录下来,其中体例起到关键性作用。所谓"方志体例","简而言之,将一地政区(范围)内方方面面情状按一定形式、方法和原则剪裁、编辑,并以规范的文字撰写成书,使之条理化、系统化、规范化和准确化,它既是志书内容的体现,又是修志目的贯彻;既是方志书编纂准则,又是方志特征反映"。② 古代方志纂修者以及方志学家,都较重视方志体例的作用,"志者,史之一隅,州志又志之一隅也。获麟而后,迁、固极著作之能,向、歆条别之理,史家所谓规矩方圆之至也"。③ "修志之道,先严体例,义不先立,例无由起,故志家必以凡例冠之"。④ 黄苇的《方志学》则表述得更加具体:"有了完备适宜的体例,便利于志书编纂,使编写过程有章可循,有例可据,避免内容颠倒、重叠或杂乱无章,进而完成谋篇布局,使志书层次分

---

① 章学诚著,叶瑛校注:《文史通义校注》,北京:中华书局,1985年,第817~818页。
② 黄苇等:《方志学》,上海:复旦大学出版社,1993年,第302~303页。
③ 章学诚著,仓修良编注:《文史通义新编新注》,杭州:浙江古籍出版社,2005年,第887页。
④ 傅振伦:《中国方志学通论》,杭州:浙江人民出版社,1992年,第110页。

明,归属得当,纲举目张,程式得体,从形式方面确保志书质量。"① 方志的体例种类较多,就结构而言,有纪传体、平目体、纲目体、三书体、章节体,等等。就安徽旧志来看,张安东认为,"在清代前期平目体志书居多,中朝以后尤其是晚清纲目体志书盛行,而且多种体例交叉运用也以纲目体为主,大致反映出清代安徽志书体例变化的趋向"。② 而亳州旧志的体例则相对丰富,既有纪传体、平目体,又有纲目体、三书体和章节体。为便于比较,特按编修时间先后,将部分亳州旧志的体例及相关情况列表如下:

部分亳州旧志体例结构简表

序号	志名	体例	图	序或跋
1	(嘉靖)《亳州志》	纪传体	有	有
2	(顺治)《亳州志》	纪传体	有	有
3	(乾隆五年)《亳州志》	纲目体	有	有
4	(乾隆三十九年)《亳州志》	平目体	有	有
5	(乾隆五十五年)《亳州志》	三书体	不详	不详
6	(道光)《亳州志》	纲目体	有	有
7	(光绪)《亳州志》	纲目体	有	有
8	《亳县志略》	章节体	无	无

注:此表是笔者根据现存旧志及文献记载制作而成。

从上表可知:整体而言,亳州旧志的体例以纪传体和纲目体居多,与安徽志书体例变化的总体趋向相一致。现就其具体演变情况,分析如下:

纪传体:效法史书之纪传体,采用图、表、纪、志、传、考等体裁为统类,先立总纲、后分细目的体例形式。此体志书始于宋代,明代有较大发展,清代依然流行。现存最早的亳州旧志(嘉

---

① 黄苇等:《方志学》,上海:复旦大学出版社,1993年,第303页。
② 张安东:《论清代安徽方志的编纂体例》,《淮北煤炭师范学院学报(哲学社会科学版)》,2008年第1期。

靖)《亳州志》,就采用此体。全书立纪、图、表、考、传五纲,设建置、秩官、人物、学校、古迹等共二十三目,是志的类目设置,有一定的规律,按照主次、轻重的原则进行排列。"夫郡志,书年以首事,当录其大都,故作郡代纪、郡县表;事莫大于帝王,故作帝系表;郡必得人而圣,故重秩官……经野以为民极,故建置次之;民以食为天,故田赋次之;有恒产者有恒心,故学校次之"。①但是志的类目设置,也受到后人的批评,有人谓此种"体例庞杂冗滥,与史书多有相混,如因殷帝、曹魏事而作商纪、魏纪,图表列帝系,人物有后妃纪,皆不合志例"。②

(顺治)《亳州志》由于奉檄纂修,时间仓促,只能沿袭前志,"俾网罗旧文,刻期副命"。③尤其在体例上,对(嘉靖)《亳州志》的模仿痕迹非常明显。根据两志的类目进行比较,可以看出二者之间的延续关系。其中,卷一类目设置基本相同,只是把"郡图"改为"版舆图","人物表"用"科贡表"代替,增设"土产"一门;在卷二中,(顺治)《亳州志》仅仅把(嘉靖)《亳州志》卷三的内容移到此卷,并增设"典礼"一门;(顺治)《亳州志》卷三,则直接采用(嘉靖)《亳州志》人物列传下中的"忠义传、孝友传、烈女传、方外传"作为类目;(顺治)《亳州志》卷四专设"艺文、诗"类,可谓是对前志的突破和创新。

---

① (明)李先芳修:(嘉靖)《亳州志·志目》,明嘉靖四十三年(1564)刻本。
② 金恩辉,胡述兆主编:《中国地方志总目提要》,台北:汉美图书有限公司,1996年,第12页。
③ (清)刘泽溥修:(顺治)《亳州志·刘泽溥序》,清顺治十三年(1656)刻本。

附

两种志书类目设置比较简表

卷数 旧志	卷一	卷二	卷三	卷四
（嘉靖）《亳州志》	郡代纪、郡图、郡县表、帝系表、秩官表上下、人物表上下、建置考上下、田赋考	学校考、兵卫考、材胥考、古迹考上下	商纪、魏纪、后妃纪、秩官列传上下	人物列传上、夏侯氏传、桓氏传、嵇氏传、戴氏传、人物列传下、忠义传、孝友传、烈女传、方外传、外传
（顺治）《亳州志》	郡代纪、版舆图、郡县表、帝系表、秩官表、科贡表、建置、田赋、土产	古迹、学校、典礼、兵卫、材胥、商纪、魏纪、秩官传	人物列传、忠义传、孝友传、节烈传、方外传、外传	艺文、诗

注：此图表是笔者根据两本旧志的类目简单编制而成。

平目体：志书内容分为若干类，各类目平行排例，互相独立，无所统属。康熙年间要求各地修志，均遵贾汉复《河南通志》之例，故是体在清中叶前期较流行。（乾隆三十九年）《亳州志》则采用此体，是志之前虽有纪传体和纲目体《亳州志》，但纂修者认为："志家先立总类分别弁言，云云数语、陈陈相因，言之不已缀乎，且分类互有牵附，列目亦多游移，不如随事立名，易于简阅。兹惟立二十四门，直标名目，而以相属者附之。"从而使得"每门小序，各按本地事实援古证今，庶几不芜不漏"。①全书设二十四门，加上附录共有三十一目，分别为：卷首，图；卷

---

① （清）郑交泰修：(乾隆三十九年)《亳州志·修志凡例》，清乾隆三十九年（1774）刻本。

一,建置沿革、疆域、星野、城池(街市附);卷二:河渠(桥梁附)、公廨、学校;卷三:坛庙(寺观附)、古迹(冢墓附);卷四:秩官、兵防;卷五:选举(封荫应例附);卷六:赋役、恤政;卷七:名宦;卷八:人物;卷九:列女;卷十:风俗(寿民附)、物产、祥异;卷十一:摭史、订讹;卷十二:艺文上、艺文下(诗歌附)(原序附)。于前志相比,有增有减,如恤政"前志无此一门,不独前代鲜考,自顺治以来均归阙略,今掇拾旧编、参考近案,按年编入,而以恩赉、老民、老妇及养济、口粮并本州公置之广善局、义冢附焉"。"帝王自有本纪,例不列郡县志中,盖拟之人物则不伦,同于列传则非体。今将旧志所载高辛、成汤悉辨其讹而删之,即魏武、魏文亦分载摭史以体例"。①

三书体:此体为章学诚所创立,志书一分为三,即志、掌故和文征,其中以志为主体,三者互为表里,不可分割,三书之外,另附丛谈。(乾隆五十五年)《亳州志》则采用此体而修,是志虽已散佚,但是我们从《亳州志·掌故例议》和《亳州志·人物表例议》等六篇"例议"中可以窥其大概。章学诚所谓的"三书",即"仿纪传正史之体而作志,仿律令典例之体而作掌故,仿《文选》、《文苑》之体而作文征。三书相辅而行,阙一不可;合而为一,尤不可也"。② 这样做的目的是"明史学也"。关于作掌故的原因,章学诚认为"则别删掌故以辅志,犹《唐书》之有《唐会要》,《宋史》之有《宋会要》,《元史》之有《元典章》,《明史》之有《明会典》而已矣"。③ "然不整齐掌故,别为专书,则志亦不能

---

① (清)郑交泰修:(乾隆三十九年)《亳州志·修志凡例》,清乾隆三十九年(1774)刻本。
② 章学诚著,叶瑛校注:《文史通义校注》,北京:中华书局,1985年,第571页。
③ 章学诚著,叶瑛校注:《文史通义校注》,北京:中华书局,1985年,第574页。

自见其意矣"。① 关于作文征,章学诚则云:"近人修志,艺文不载书目,滥入诗文杂体,其失固不待言;亦缘撰志之时,先已不辨为一国史裁,其猥陋杂书,无所不有,亦何足怪？今兹稍为厘正,别具《文征》,仍于诗文篇后略具始末,便人观览,疑者阙之,聊于叙例申明其旨云尔。"②针对一隅之地的诗词文章本来就少,加之有关文字已收入纪传,如另作文征,恐怕难以单独成卷的疑虑,章学诚认为,"既已别为一书,义例自可稍宽","不知律以史志之义,即此已为滥收,若欲见一方文物之盛,虽倍增其艺文,犹嫌其隘矣。不专辑一书,以明三家之学,进退皆失所据也"。③ 在三书之外为何又另附"丛谈"？章氏云:"既约取矣,博览所余,拦入则不伦,弃之则可惜,故附稗野说部之流而作丛谈,犹经之别解,史之外传,子之外篇也。"④由上可知,志为地方史的主体,掌故和文征为一地之史料汇编,丛谈则为资料补充,采用这种方法,可以使方志与文献保存较好地结合。

纲目体:全书先设总纲,纲下再分细目,纲举目张。此体志书宋以后较多,明清时期大盛。因方志体例主要由志目和凡例体现出来,故将三种纲目体《亳州志》的志目情况罗列如下:

---

① 章学诚著,叶瑛校注:《文史通义校注》,北京:中华书局,1985年,第818页。
② 章学诚著,叶瑛校注:《文史通义校注》,北京:中华书局,1985年,第788~789页。
③ 章学诚著,叶瑛校注:《文史通义校注》,北京:中华书局,1985年,第575页。
④ 章学诚著,叶瑛校注:《文史通义校注》,北京:中华书局,1985年,第576页。

三种纲目体志书类目设置简表

志名 总纲 卷数、细目	(乾隆五年)《亳州志》 卷数	细目	(道光)《亳州志》 卷数	细目	(光绪)《亳州志》 卷数	细目
舆地志/疆域志	2	幅员、形势（附）、沿革、星野、灾祥（附）、山川、风俗、城池、公署、古迹、坛庙、陵墓（附）、寺观	16	都邑、亳都考、沿革、星野、疆域、水路、铺递、形胜、山川、风俗、城池、街巷、坊表、乡图、公署、关津、桥梁、坛庙、寺观、陵墓、碑碣、古迹、园亭	2	星野（占验附）、疆域、都邑、沿革（建置沿革表附）、形胜、山川、坊保（街巷附）、风俗、古迹（坊表附）、陵墓
营建志					2	城郭（圩工附）、公署（废廨附）、关津、善堂、坛庙、寺观
水利志			2	河工、沟渠	1	河工、沟渠
食货志	1	里甲、田赋、起运、岁支、税课、屯田、盐课、驿传、物产	3	田赋、里甲、户口、漕运、关榷、杂课、盐法、积贮、优老、养济院、广善局、恤政、土产	1	田赋、户口（里甲附）、漕运、关榷（杂课附）、盐法、硝额、储积、优老、蠲赈、物产（古树附）

续表

学校志	1	学宫、义学、试院	3	学宫、学宫源流、学田、书院、义学、试院	1	学制（乡饮酒礼附）、学署、生额、学田、书院、义学
武备志		营制、兵革（附）	2	兵制、兵事	1	兵制、驿传、铺递、兵事（防军附）
秩官志/官爵志/职官志	1	官制、职名、治行	3	文职、武职、名宦	2	文职表、武职表、名宦
选举志	1	进士、举人、保举、□驰、武进士、武举人、将才	1	荐辟、科目、例贡、吏员、封爵、阴袭、乡宾、耆寿	2	科举表、五贡表、仕荫表
人物志	3	帝王、名贤、宦绩、武功、忠烈、孝友、儒林、文苑、隐逸、厚行、宾筵、列女、外传	1	名贤、宦业、忠义、孝友、儒林、文苑、懿行、义行、隐逸、艺术、流寓、仙释	2	名贤、宦绩、忠节、孝友、儒林、文苑、武功、懿行、义行、隐逸、方技、耆寿、流寓
列女志			2	节妇、烈妇、烈女、贞女、孝妇、贤妇	2	节妇、烈妇、贞女、烈女、孝女、贤妇、寿妇
艺文志	6	奏疏、书、论、赞、序、传、碑记、墓志、杂文、赋、诗	6	书集、奏议、书论、碑记、序传、杂著、诗赋	3	著述、金石、文、赋、诗
杂类志				祥异、摭纪、辨讹、序录	2	祥异、仙释、摭纪、辨讹、旧志序跋

注：此图表是笔者根据三本旧志的纲目简单编制而成。

据上表可知，三种志书的纲目设置大体相同，只是在个别类目上有所调整，或作局部的增删，或作部分的分合。（乾隆五年）《亳州志》虽"以顺治刘志为蓝本"，①但体例上则一改前志之纪传体。全书正文总分八纲，分别是"疆域志""食货志""学校志""武备志""秩官志""选举志""人物志""艺文志"，每一纲下再细分小类，做到"纂言纪事、纲举目张"。②（道光）《亳州志》于道光三年（1823），应安徽巡抚陶澍创修《安徽通志》采择之需而编纂，虽然"其体例悉遵中丞定式"，③但类目设置取法于（乾隆五年）《亳州志》的痕迹比较明显。与（乾隆五年）《亳州志》相较，是志认为"一方之志，山水最关紧要，而亳地平衍无山，故特详水之发源及所入之水，条分缕晰，加以辨证，使留心水利者，庶得有所参稽"。④ 故增设"水利志"，把人物志中的"列女"析出，单列一纲，名为"列女志"。如是志"凡例"云："节妇、烈妇、贞女、烈女仍照旧志录入。"同时增设"杂类志"一门。此外，还把前者共为一卷的"学校志""武备志"，各自独立成卷。（光绪）《亳州志》在体例上则承袭（道光）《亳州志》，对此陈晋说得非常明白，"而其体例大端，则仍以原书为主。原书者，孟涂刘先生之笔也"。⑤ 有些类目的调整或增删情况，在修志凡例中交代得十分清楚，如不满任志之舆地类卷多夹杂，且未能条分缕析，故"兹以水路附入疆域，铺递改入武备；碑碣易名金石，改入艺文；易乡图为坊保，以街巷附；易城池为城郭，增附圩工；园亭并入古迹，以坊表附；桥梁附入关津，增列善堂一门；则舆地志继形

---

① 金恩辉、胡述兆主编：《中国地方志总目提要》，台北：汉美图书有限公司，1996年，第12页。
② （清）华度修：（乾隆五年）《亳州志·刘恩沛跋》，清乾隆五年（1740）刻本。
③ （清）任寿世修：（道光）《亳州志·任寿世序》，清道光五年（1825）古谯官舍刻本。
④ （清）任寿世修：（道光）《亳州志·修志凡例》，清道光五年（1825）古谯官舍刻本。
⑤ （清）钟泰、宗能徵修：（光绪）《亳州志·陈晋序》，清光绪二十年（1894）活字本。

胜之后者,为山川、坊保、风俗、古迹、陵墓也,共十条为卷二"。并把"其城郭、公署、关津、善堂、坛庙、寺观六条,均改为营建志,为卷二,庶界限各清,卷帙不形其烦"。① 又如,在介绍学校类细目调整情况时云:"任志学校类目,学宫至试院为目六、为卷三。兹易学宫与学宫源流合名为学制,以乡饮酒礼附之,增学署、生额二门,删去试院"。类似这样的表述,在是志的"修志凡例"中俯拾皆是。

章节体:19世纪末,随着西方教科书的传入,按章节编排内容的体例形式,为当时的修志者所借鉴。此体志书民国居多,为新志的撰修起到示范作用。《亳县志略》采用此体,虽然没有明确标出章节,但是其篇章结构非常明显。"是志记载简略,分三部分:一是亳县概况:自然,山川,水陆交通等;二是社会概况:人口,政府组织结构,财政收支,风土民情,文化卫生等;三是施政方针:民政,财政,教育,建设等"。② 从类目设置看,此志既有旧志的内容,又有新志的成分,可谓是旧志向新志的过渡体。

二、亳州旧志的体例特征

通过与其他志书进行横向比较,可以看出目前存世的几种《亳州志》,在体例上大都遵循一定的范式,多按当时的"修志凡例"进行基本的类目设置。如(嘉靖)《亳州志》中的"郡代纪""郡县表""秩官表""人物表""人物列传""外传"等,则为纪传体志书的基本类目;清代平目体志书,其体例多效法贾汉复的《河南通志》,(乾隆三十九年)《亳州志》在类目设置上,也多有借鉴。如其基本类目有"建置""疆域""星野""城池""学校""坛

---

① (清)任寿世修:(道光)《亳州志·修志凡例》,清道光五年(1825)古谯官舍刻本。
② 金恩辉,胡述兆主编:《中国地方志总目提要》,台北:汉美图书有限公司,1996年,第12页。

庙""古迹""秩官""选举""赋役""名宦""人物""列女""风俗""物产""艺文"等。(道光)《亳州志》为纲目体志书,由于是志应《安徽通志》编纂之需,奉檄而作,故"其体例悉遵中丞定式",①(道光)《亳州志》与(道光)《寿州志》相较,我们可以看出,不仅大纲基本相同,其细目也多有雷同。两志均设有"沿革""星野""疆域""形胜""山川""坊表""公署""关津""坛庙""寺观""古迹""沟渠""田赋""关榷""积贮""学田""书院""义学""名贤""隐逸""流寓""仙释""节妇""诗赋""摭纪"等子目。民国十八年(1929)曾颁布《修志事例概要》,规定"各县及各普通市兴修志书,应行规定事项,由各省通志馆参照本概要定之"。②《亳县志略》与《凤阳县志略》相比,两志的类目设置基本相同,均按照形势、面积、人口、行政、财政、交通、经济、金融、教育、文化、救济、卫生、礼俗、现任县长略历的顺序进行排列。

此外,亳州旧志在体例方面也具有明显的地域特色,主要体现在类目设置上,因为"反映地方特点,除于志书中重点记述,增加篇幅外,主要须因地制宜,通过志目门类设置来体现。"③如(嘉靖)《亳州志》与(嘉靖)《沔阳州志》相比,专设"帝系表"一门,(嘉靖)《亳州志·修志凡例》云:"亳以成汤肇域,魏武继作,虽瑕瑜不伦,均之帝系也,故特详其始末云。"(顺治)《亳州志》承袭是志,也设有"帝系表",并云:"志帝系何也?不忘其初也……虽高山大川不若他郡,而终非恒区所能偶者。若曰:固其所从来者远矣。"④并且两志书均设有"商纪、魏纪"之目。(嘉靖)《亳州志》卷四的人物列传,则按夏侯氏传、桓氏传、嵇氏传、戴氏传的顺序进行排列类目,并云:"秩官人物之贤者,不可

---

① (清)任寿世修:(道光)《亳州志·任寿世序》,清道光五年(1825)古谯官舍刻本。
② 杨军昌:《中国方志学概论》,贵阳:贵州人民出版社,1999年,第408页。
③ 黄苇等:《方志学》,上海:复旦大学出版社,1993年,第310页。
④ (清)刘泽溥修:(顺治)《亳州志·帝系表》卷一,清顺治十三年(1656)刻本。

淆诸人也,故作列传。数其人而称之,故作夏侯氏、桓氏、嵇氏、戴氏,以大族也。"①明清时期,亳州书法爱好者甚多,其中不乏书法名家,如明代薛凤翔,"工诗,尤善书,深得二王笔法,购者珍之"。②又如清代著名的书法家、书法理论家梁巘,撰有书法理论专著《评书帖》,《清史稿·梁巘传》云:"以工李北海书名于世","当时与梁同书并称,巘曰'北梁'同书曰'南梁'"。③其书法作品为世人所称道,(道光)《亳州志·人物志·艺术》卷三十一云:"论者谓其楷书能品、行书妙品、草书神品。世所传墨刻甚多,而真迹所存人皆宝之。"同时,还有周杰、张鹏等人的书法作品,也深受当地人所喜爱,故(道光)《亳州志》与(道光)《寿州志》相似,在卷三十一人物志中就专设"艺术"一门,以显地方特色。明清时期,亳州商业繁荣,加之当地习俗多以牡丹相尚,致使亳州私家园林数量众多、类型较全、分布面广,呈现鼎盛局面,故(道光)《亳州志》专设"园亭"一门,附于古迹之下。

此外,亳州旧志的体例特征,还体现在编纂者将具有地方特色的类目,置于显著位置,或者将其升格,单独成目,因为"类目升格,不失为体现地方特点的一种好方法,升格即将地方特色内容立目,并从所属大类中独立出来,与原属门类平行而置"。④如(道光)《亳州志·修志凡例》虽云:"门类、卷数皆遵陶大中丞颁发章程。"但通过与同样奉檄而修的(道光)《寿州志》相比,可以看出,是志的编纂者有意将"都邑、亳都考"一目,置于各目之首。并云:"以其为圣迹所兴,君国迭建,且又历代建节之所,不等于寻常之州县也,故列都邑于城池之前,而以往制附焉。"⑤又如(乾隆三十九年)《亳州志》云:"城以外货别队分,

---

① (明)李先芳修:《嘉靖》《亳州志·志目》,明嘉靖四十三年(1564)刻本。
② (清)任寿世修:(道光)《亳州志》卷三十一,清道光五年(1825)古谯官舍刻本。
③ 赵尔巽:《清史稿》,北京:中华书局,1977年,第13890页。
④ 黄苇等:《方志学》,上海:复旦大学出版社,1993年,第310页。
⑤ (清)任寿世修:(道光)《亳州志》卷一,清道光五年(1825)古谯官舍刻本。

街衢洞达；绣野花村，同归保聚，拥斯城者，讵敢忽诸，故志城池而以次附焉。"①故专设"街市"一门，并附在"城池"之下。而道光年间，亳州城市经济得到进一步发展，街市经济也呈现出繁荣局面，"亳州街市繁盛，以北关及河北为最，今自北关、河北及沟西，计街巷一百一十有二，其多于前者共六十有一，而城内之街巷五十三，东、西、南三关十有三，合之得一百八十有一"，②故(道光)《亳州志》一改前志的做法，把"街巷"从依附的地位，升格为独立类目，与"城池"平行而置。

总之，通过对存世的几种《亳州志》与其他志书进行横向比较，我们可以看出，亳州旧志的体例，既有其他旧志的基本类目，也有自身的特有类目，在恪守当时"修志凡例"的基础上，尽量彰显自己的个性。

第三节 亳州旧志的史料价值

一、社会经济方面的资料

一方之志，大都重视记载一地之物，亳州旧志也是如此。"志载物产，见地力之饶也。惟繁乃昌、惟奇见特"。③（顺治）《亳州志·土产》卷一记载当地物产时，植物分为谷、蔬、木、果等8类135种，动物分为禽、兽、鳞、虫4类67种，且在此卷结尾又介绍了本地的一些特产："春夏之交，灿若锦屏，周匝所最佳者：如牡丹之王家红、佛头青，芍药之莲香白、观音面，如杏之海东红，李之金刚圈，柿之金瓜镜面，竹之黄金碧玉。涡水之鳞，麻沟之瓜，皆是脍炙人口，此土之选也。"而（乾隆三十九年）

---

① （清）郑交泰修：(乾隆三十九年)《亳州志》卷一，清乾隆三十九年(1774)刻本。
② （清）任寿世修：(道光)《亳州志》卷九，清道光五年(1825)古谯官舍刻本。
③ （清）郑交泰修：(乾隆三十九年)《亳州志》卷十，清乾隆三十九年(1774)刻本。

《亳州志·物产》卷十,所登物产多按《江南通志》所录编入,但详注其与他邑不同之处,如莴苣,"郡邑通产,而亳土所出,叶少干肥,春夏之交,堪与藕丝争胜。初冬另苗新苔,土人暴之风中,俨然一束青琅玕也,千里远饷,其色不渝"。又如芍药,"种类亳亦甚繁,花视他处尤大,昔之广陵、今之丰台以多取胜而已,若花之光艳丰满,亦推此都独擅"。类似记述,在是志中俯拾即是。与(道光)《寿州志·食货志》相比,(道光)《亳州志·食货志》卷十一所载物产,大都详加注解,内容更为丰富,其注解内容有解释名称来历的,"蚕豆,豆荚状如蚕,又蚕熟时始熟,故名";"诸葛菜,似蔓菁而叶宽茎细,四时皆生,开紫花,诸葛亮行军所种,故得名";还有解释与他处所产差异者,"姜,亳产多丝,而姜芽最佳";"蒜,有独头、碎瓣二种,观音堂集产者最佳"。这些记载对了解当地物产品种及其演变,具有重要价值。而《亳县志略·经济·农业》则详细记载了当时全县主要农产品的年产量,以及向外输出情况,这为了解当时农业经济发展状况保存了珍贵的资料。

亳州作为全国中药材集散地,素有"药都"之称,其药材种植历史悠久,其繁盛程度,在亳州旧志中也能窥其大略。如(乾隆五年)《亳州志·疆域志·古迹》卷二,保存了唐代在当地置"药城"的内容:"故城在州东南,唐武德三年,于鲁邱堡置文州,并药城县。"在(乾隆三十九年)《亳州志·古迹》卷三中,也有类似的记述:"旧药城,唐武德中析城父置,武德七年废,今州东四十里有药城寺。"这些资料对研究药业发展史以及医药史均具有重要价值。同时,现存亳州旧志在"物产"类目中,大都设有"药类"一门,这也充分显示了鲜明的地域特色。如(道光)《亳州志·土产》卷二十一药类中,记载有地产药材白芷、车前子、半夏、赤白芍、葛根、金银花、地黄等多达45种,并且详细记述了某些药材的形状。如牵牛"有黑白二种,苗似藤蔓,叶青,有三尖角,如枫叶";芫花"叶青色,花紫、赤、白三色,苗高二、三尺"。有的则重点记述某些药材的生长情况,如紫菀"三月内布地生苗,其叶二四相连,五六月开黄、白、紫花,结黑子,根柔细者佳";草三七,"夏秋开黄花,蕊如金丝,俗呼为见肿消"。与同期所修的《凤阳县志略》相较,《亳县志略》在经济商业类目下,除列有绸布业、杂货业等传统行业外,还专设"药业"一门,用来记述当地药材种植及药业发展情况。如"亳县为产药区域,如白芍,菊花,均为出产大宗,其他如瓜蒌、桑皮、二丑等,产量亦丰。在昔药号,共二十余家,营业十分畅旺,如德泰、保全、吉胜祥数家,每年营业达三十万元"。① 这为研究当地药业经济发展史提供了宝贵资料。

明清时期,由于涡河航运便利,亳州商业较为发达,"自正统来,黄河水起鹿邑,由涡河入淮,江淮之舟始由涡达汴,商贾辐轴鳞集,积岁成业。自城西、北关及义门沿河一带,楼舍攒拱联络,动计百家,入境望之,弘敞巨丽殊绝"。② 当时如此繁盛的商业经济,作为当地重要典籍的《亳州志》当然也有记载。如(乾隆三十九年)《亳州志·城池》卷一,详细记述了当时亳州城市经济的繁盛情况,无论是城内还是城外均呈现出一派繁荣景象,"城以内,旌门式里,绰楔云连;城以外,货别队分,街衢洞达"。尤其是城北靠近涡河一带,几乎成为各地货物的集散地,"北关以外列肆而居,每一街为一物,真有货别队分气象。关东西、山左右、江南北,百货汇于斯,分亦于斯,食用器用客民即集百物之精,目染耳濡,居民亦杂五方之习"。③ 这为考察当时亳州城市经济发展变迁提供了重要资料。一个城区街巷的数量和规模,在一定程度上反映了当地城市经济的发展状况。而(道光)《亳州志》顺应当时社会经济发展的需要,把"街巷"从

---

① 刘治堂修:《亳县志略·经济》,民国二十五年(1936)铅印本。
② (明)李先芳修:(嘉靖)《亳州志》卷一,明嘉靖四十三年(1564)刻本。
③ (清)郑交泰修:(乾隆三十九年)《亳州志》卷十,清乾隆三十九年(1774)刻本。

前志中的附属地位，升格为独立门类，用于专章记述当时亳州城区街巷的发展变化情况。与（道光）《寿州志》卷三"坊保"相比，（道光）《亳州志》所记"街巷"，不仅数量众多，且非常详细。如是志不仅详细记载了明清时期亳州城市的街道布局及整体情况，"今自北关、河北及沟西，计街巷一百一十有二，其多于前者共六十有一，而城内之街巷五十有三，东、西、南三关十有三，合之得一百八十有一"。① 而且还详细介绍了每一区域街巷的详细数目，对历次街巷增减变化情况详加考证，使浏览是志者一目了然。如在记述城中东北隅街道变迁时云："在城中东北隅者凡二十；按乾隆五年旧志所载，街巷在城内东北隅者仅七，曰灵官庙街、曰老子庙街、曰神路巷、三皇庙街、曰玉皇庙街、曰察院巷、曰仓巷，三十九年续修之志，列城东北之街巷共十有六，今多于前者曰陈家胡同、斗武营、雷祖庙街、任家庵街。"② 在《亳县志略·经济》"商业"一目中，则记载了民国时期当地银钱、绸布、杂货等几大行业的概况，还载有商会、各行业工会等商人团体的数量；在"金融"条目下，介绍了当时钱庄、行号等金融业发展情况，对研究民国时期当地经济发展情况，具有重要价值。

亳州旧志对当地手工业的发展状况，也有所涉及，如（乾隆三十九年）《亳州志·物产》卷十在"货物"条目下，列有布、丝、纸、硝、酒五类。此外，是志还详细记载了知州华度"饬禁纸坊"之事："州中向有收买切边零块碎纸泡烂造纸之家，其后不检，多有残废字纸搀杂其中，亳生员喜开等，见字行未化，禀州饬禁，知州华度传集纸户、鞋店，劝谕严切；各店并誓之神庙，合禁遵守。其安家溜有十余家纸坊，通行邻近亦俱出示取结永

---

① （清）任寿世修：（道光）《亳州志》卷九，清道光五年（1825）古谯官舍刻本。
② （清）任寿世修：（道光）《亳州志》卷九，清道光五年（1825）古谯官舍刻本。

革。"①而《亳县志略》在"经济"类下则列有"工业"一条,介绍了民国时期当地"福兴""福义"两家蛋厂的厂址、资金规模、年生产能力等情况。这些无疑都是研究当地工业发展史的重要资料。

二、名胜古迹方面的资料

"旧志均有名胜古迹志,已成志例"。② 亳州历史久远,名贤辈出,留下很多珍贵的文化遗迹,作为是地重要典籍的亳州旧志,在内容方面势必有所反映。据现存亳州旧志可知,历次所修的《亳州志》,大都设"古迹"一目,如(嘉靖)《亳州志》卷二,设有"古迹考",且分为上、下两篇进行记述,遗憾的是笔者所见此书,由于残损较多,"古迹考"部分已残缺。但是我们从(顺治)《亳州志》卷二"古迹"中,还可以窥其大概。此目列有"章华台""魏武帝故宅""汤王祠"等祠庙寺宫古迹,共计164处,并且详细记述某些古迹的地理位置。如魏武帝庙"在城东七里,祀武帝操,宋穆修撰祀,今废";谯令谷"在城东北三十里,魏武帝操至谯,号令军士筑之,有谯令碑,今废"。对"古迹"的类似记述,在是志中非常普遍。(乾隆五年)《亳州志》卷二"疆域志"下,则把坛庙、寺观等类目,从"古迹"中析出单列,并附"陵墓"一目,与前志相较分类更细,可见是志对古代文化遗迹的重视。又如(道光)《亳州志》全书十六卷"舆地志"中,"古迹"类多达四卷,占整个"舆地志"的四分之一。(乾隆三十九年)《亳州志》则注重对部分古迹遗存的考证。如关于曹操故宅的具体位置,古今众说纷纭,甚至顺治、乾隆五年间所修两部旧志,所载也有出入,故是志对此考证时指出:"刘志载读书精舍在城内,与史不合。华志载魏武故宅在州东五里,其下又引建安十五年令曰:

---

① (清)郑交泰修:(乾隆三十九年)《亳州志》卷十,清乾隆三十九年(1774)刻本。
② 黄苇等:《方志学》,上海:复旦大学出版社,1993年,第813页。

欲于谯东五十里筑精舍,秋夏读书、冬春射猎数语为注。夫操之此言,亦英雄欺人语耳,道里不符,空言岂足为证。今从《水经注》寻之,侧隍临水间,其地当与东台相近。"①又如对谯令谷存有"谯令碑"一事,是志云:"昔欧文忠公曾牧是州,如有旧碑,定无遗漏,今考《集古录》并无是碑,疑因曲涡间谯令王阜曾立老子庙碑,误传。"全书共对当地 35 处重要古迹进行了详细考证,此外是志对古迹的记载,多与《水经注》相吻合,可见其所载资料比较真实可信。总之,是志有关当地古迹遗存的记载,资料翔实,论证充分,对研究当地古迹,具有重要的参考价值。

（道光）《亳州志》则保存了大量与当地古迹有关的文献记录,全书收录与古迹相关的碑文多达 49 篇。如卷十三"坛庙"中存有《重建文昌宫碑记》《著经堂春登台序》《石经后序》《伯颜祠碑记》《吴公惠政祠记》《张公惠政祠记》等 16 篇碑刻、文字;卷十四"寺观"中收录了《东岳庙碑记》《重修咸平寺碑记》《广善局碑记》《西台碑记》《重修白衣庵碑记》《重修西台崇兴寺碑记》《重修圆觉寺碑记》等 15 篇碑文;卷十五"陵墓、碑碣"中则收录了《亳州汤陵碑记》《重修汤陵碑记》《大飨碑》等 10 篇碑文;卷十六"古迹、园亭"中也收有《天静宫碑记》《老子祠碑记》《老子碑记》《魏武帝帐殿记》等 8 篇碑刻。这些文献大都记述了当地古迹遗存的修建时间、过程和原因等内容。如《寥阳万寿宫碑铭》记述此宫云:"郡之东北土人谓曹公之故宅,遗址存焉,袤延卅步,张侯以其地而施予公,以为道院,遂于内创构宫观。"②又如《修井龙王庙碑记》云:"然而是井也,居阛阓之中,人民富庶,百姓乐业,行潦陂泽,既不可食,而去河尤远,担汲维艰,苟不经

---

① （清）郑交泰修:（乾隆三十九年）《亳州志》卷三,清乾隆三十九年（1774）刻本。
② （清）任寿世修:（道光）《亳州志》卷十六,清道光五年（1825）古谯官舍刻本。

营修葺,其为不便于民,何如适居民以兹务。"① 由此可见,这些碑刻、文字无疑是研究亳州古迹和当地文化的第一手资料,其价值之高不言而喻。而(光绪)《亳州志》著录古迹遗存多达336处,其中古迹64处、坊表52处、陵墓24座、坛庙39座和寺观157座,并且详细记述了许多古迹的历次兴修情况。如关帝庙"正统年,百户怀玉;宏治年,指挥石玺修建;嘉靖四十三年修;万历二十四年修;康熙二年,知州何迁率绅士修;嘉庆十五年,知州龚裕率绅谢宽、汤嵩龄、耿葆元等,创建拜殿;同治九年,重修大门戏楼"。② 又如咸平寺,"在城北门内大街之西,旧名崇因寺,宋改为咸平寺,明因之。洪武二十八年重建;嘉靖三十年修;乾隆三十年,知州陈廷柱修;三十一年,知州张肇扬又设广善局于寺之西偏,率州人王士英、黄均、何承宗、李义,扩而新之;后大殿毁于火,嘉庆六年,知州李廷仪重修,绀楼碧宇,广殿崇阶,巍焕壮丽,具有率兜干霄气象,为谯城第一精蓝,有碑记三"。③ 是志对了解亳州古迹遗存的历史变迁具有重要的参考价值。

明清时期,亳州城区周围及城内建有很多私家园林,由于种种原因,尽管这些园林没有很好地保存下来,但是在亳州旧志中,有关园林的主人、位置及特色,大都有翔实的记载。如(乾隆三十九年)《亳州志·古迹》卷三中,收录了常乐园、南园、懒园、乐园、南里园、且适园、庚园、李叔子园等8座明代私家园林,以及跂鹤园、清课园、西园、渡口李氏园、半圆、舒啸园、王园、小梅园、孟氏园、张氏南园、李孝子园等11座清代私家园林,共计19处。同时,还详细记述了这些园林的具体位置、规

---

① (清)任寿世修:(道光)《亳州志》卷十三,清道光五年(1825)古谯官舍刻本。
② (清)钟泰、宗能徵修:(光绪)《亳州志》卷四,清光绪二十年(1894)活字本。
③ (清)钟泰、宗能徵修:(光绪)《亳州志》卷四,清光绪二十年(1894)活字本。

模、建造者及建筑风格等内容。如清课园"在城内西门,谢赠君商珍别业,商珍癖于种艺,束缚过接奇古出人意表,缉荔为墙、编松作栋,妙极天然,幽秀之致。有松亭、槐亭,如笠如盖,可以夏不漏日冬不渗雪,又有伴鸥亭、无波池、拾翠堤、秋雪堤诸胜,过客题咏极多"。① 又如庚园,"城西隅,积水成沼,可容小舫,采莲举纲甚适也。傍水有故指挥使宅,李文学培卿买而为园,读书之暇辄经营位置凡数年,始足游览。重门之内有郁金堂,崇基轩敞,最能受月,堂后有楼,飞甍迢递,可纳城西野色,左则万井参差,右则百雉倒悬水面,东叩板扉,穿花径低亚回折,署曰春'迷穿花壁',登生趣亭望小山丛桂,迤北牡丹深处有环芳亭,绮锦模糊、万红刺目,横轩而过为沼,沿沼垂柳疏桐,沼心有秋水亭,其修远大雅,俨然广陵梅花岭也"。② 尤其是志对园中所种牡丹记述较多,如"跂鹤园,支氏别业,在城北,牡丹极盛,连畦覆垅,黄紫争妍,徐健庵乾学有《支园看花长歌》,能曲状其胜"。以及"渡口李氏园,在城东李家渡,花木松竹一望蓊翳,牡丹极盛"。③ 是志中关于当地私家园林的类似记述比较常见,这些对考察当时私家园林的兴衰变迁、地域特色,以及对亳州牡丹的栽培等方面,均具有重要价值。

三、文化教育方面的资料

亳州历史久远,文人辈出,文化较为繁荣,如(顺治)《亳州志·艺文》卷四所云:"亳之文,《诗》咏《玄鸟》,《书》载《说命》,柱史之道德五千言,陈思王之七步八斗,皆包罗天地,驾轶今古,天下文章,更无过于此者。即考功嗣出,而著述一绝,近代

---

① (清)郑交泰修:(乾隆三十九年)《亳州志》卷三,清乾隆三十九年(1774)刻本。
② (清)郑交泰修:(乾隆三十九年)《亳州志》卷三,清乾隆三十九年(1774)刻本。
③ (清)郑交泰修:(乾隆三十九年)《亳州志》卷三,清乾隆三十九年(1774)刻本。

罕见。"此言虽有溢美之词,但在一定程度上也反映了当地深厚的文化底蕴。是志全书共四卷,其中"艺文"单为一卷,占全书的四分之一。其中收录《涡水发源记》《谦记》《学记》《六经阁记》等36篇文赋,《亳都行》《西台》《东台》《过希夷先生祠》等60篇诗歌。(乾隆五年)《亳州志·艺文志》卷十一也云:"古人事迹,托言以传,征文与考献并重矣。"故是志全书共十六卷,而艺文志多达六卷,占全书的三分之一强,且又细分为奏疏、书、论、赞、序、传、碑记、墓志、杂文、赋、诗等小类,由此可见是志对"艺文"记载的重视。(乾隆三十九年)《亳州志》认为,一方之艺文,乃是一地之重要文献,地方志应加以收录,从而达到存献的目的,"艺文之志,始于《汉书》,隋唐诸史亦有之,但皆记书目,不列诗文,至私家墓铭更无杂列之体。然昔贤之著作渐湮,寿世之鸿篇间出,因文考献,少亦足珍,故先奏议、次碑记(首圣庙,次及各庙散碑)序传,而墓碑数首,俱古今名贤,钜公之作、仁孝之思,不容尽泯,未免稍出入其例焉"。① 然而是志所录艺文,并非乱收滥入,而是遵循一定尺度和标准的,"亳虽代有作者,而屡经兵燹,存者甚寡,吉光片羽,少亦足珍。一二遗文不得不掇采,以补文献之阙,然必有关乎州之人,有关乎州之地,有关乎州之事,非是则不滥列。夫有可传之事而文以传,有可传之文而人以传,皆待之千秋,毋沾沾于目前也。故先列昔贤著作之篇目,而以奏议、碑记、传志、诗歌附焉"。② 尤其是志注重书目的编制,按朝代先后著录与亳有关的历代典籍,如汉《华佗内事》5卷,魏《武帝集》26卷,《陈思王集》30卷等,晋《曹毗文集》15卷,《夏侯湛集》10卷等,明《五经杂录》5卷,《大宁斋目录》5卷等,全书共著录篇目多达50部,对目录学研究具有重要的参

---

① (清)郑交泰修:(乾隆三十九年)《亳州志·修志凡例》,清乾隆三十九年(1774)刻本。

② (清)郑交泰修:(乾隆三十九年)《亳州志》卷十二,清乾隆三十九年(1774)刻本。

考价值。同时还收录了曹冏的《六代论》、薛蕙的《义礼奏议》等8篇奏疏;此外还有《亳州兴造记》《亳州公斋纪事序》等35篇碑记,18篇序传,8篇墓碑,5篇杂著,68篇诗歌,共计142篇文学作品。是志艺文部分内容之丰富、价值之高,也受到后人的称赞:"艺文几占全志三分之一。收集了曹植《陈审举之义疏》,欧阳修的《亳州乞致仕第四表》及碑文四十三篇,汇集了一方之文献。为研究亳州市地方史保存了重要资料。"①(道光)《亳州志》"艺文"部分多达6卷,在前志的基础上,又有增补,如"修志凡例"所云:"古史艺文志,只列书目,无杂文滥入之体,兹因旧志所载,皆名贤钜公之作,不忍埋殁,故可附者附各类后,余悉照旧志录入,至汉魏文亦间有增补者。"与(乾隆三十九年)《亳州志》相较可知,著录书集增至89部,诗赋增至近200篇。而(光绪)《亳州志》三卷艺文志,分著述、金石、文、赋、诗5小类,其中著述多达126部,且著其作者,如有序言则一并收入,文学作品多达297篇,较好地保存了地方文献。另外,如(顺治)《亳州志》中的"典礼",以及《亳县志略》中的"乡俗",均记载了当地的风俗民情,这些对考察当地文化发展变化,具有重要价值。

在我国长期的封建社会里,各级官吏出于统治的需要,大都重视教育的作用,"帝王风化之地,莫重于学,自王公国都,以及巘鄙莫不崇焉,立之学宫以明人伦,将以成德达才,为国家计长久也"。② 亳州旧志对当地教育情况的记载也很详细,如(顺治)《亳州志》卷二"学校"中详细记载了儒学、文庙的具体地址,历次兴修情况,尤其是在"庙制"后,详细介绍了当时先师殿、六经阁、明伦堂、讲堂、号房、馔堂、育才坊、学正宅等30处建筑物的位置,以及它们的排列格局。这对了解当时亳州学校的兴废、发展变化,以及学校规模等情况,均具有重要价值。又如

---

① 金恩辉、胡述兆主编:《中国地方志总目提要》,台北:汉美图书有限公司,1996年,第12页。
② (清)刘泽溥修:(顺治)《亳州志》卷二,清顺治十三年(1656)刻本。

(乾隆三十九年)《亳州志》卷二"学校"中,则记载了当时学宫存储的文籍,如列有《周易折衷》《书经汇纂》《春秋汇纂》《周官义疏》《礼记义疏》等14部"钦定经书",以及《诗经大全》《四书大全》《性理精义》等24部典籍。这些为研究当时学校所学课程内容、收藏典籍等情况,保存了珍贵资料。(道光)《亳州志》有关是地教育内容的记载则更加详细,其中"学校志"多达三卷,分为学宫、学宫源流、学田、书院、义学、试院六小类。在是志卷二十二"学宫"中,收录了康熙年间颁立的《至圣赞碑》《颜曾思孟赞碑》,以及顺治九年颁立的《卧碑文》、康熙四十一年颁立的《训饬士子文》等条规、训约。这些对研究清代学校的办学宗旨、方法等内容,具有重要价值。同时,是志还详细记载了学宫内祭拜的圣贤名称,以及各自所在的位置,还有祭器、祭品以及所演奏的乐章等内容。在卷二十三"学宫源流"中,详细记载了从宋代庆历年间至乾隆四十二年(1777),前后28次对学宫的兴修过程,且介绍了每次兴修的具体时间,由何人负责兴修等相关情况,同时还收录了《移建亳州学记》《重修亳州学记》《重修亳州儒学记》等10篇学记文章。在卷二十四"书院"中,则详细记载了亳州"柳湖""培英"两大书院的具体地址、修建时间、修建者,以及书院的建筑布局、规模、经费来源等情况。如记述位于城内东南隅的柳湖书院时云:"地本州绅行人司行人刘恩沛旧业,爱其地僻景幽,雍正六年,捐资建立学舍,前为院门,后为讲堂,三楹面北房七间,南向东西廊各三间,堂东小舍三间,后为庖湢。至十二年甲寅,知州卢见曾题为'柳湖书院'。"①同时书中还收录了《示书院士子文》《柳湖书院记》《培英书院记》《柳湖书院藏书序》等8篇有关书院的记述。是志有关学校的记载之翔实,在其他方志著述中尚不多见,同时期所修的(道光)《苏州志》也只是在卷三"建置志"下仅列"学宫"一目。(光

---

① (清)任寿世修:(道光)《亳州志》卷二十四,清道光五年(1825)古谯官舍刻本。

绪)《亳州志》卷七"学校志",在前志的基础上又增加了"学署""生额"两目,分别记述了学正署、训导署的详细地址,历次修建情况,以及每次录取文童、岁贡等数额情况。《亳县志略》则记录了民国时期当地学校的数量、在校学生和学龄儿童数目,以及新闻事业、民众教育等情况,是考察民国时期亳州教育发展的珍贵资料。总之,这些内容对研究当地学校教育的发展变迁具有重要价值。

四、自然地理方面的资料

亳州疆域自古侨析省并,领隶迭更较为频繁,亳州旧志的编修者对此大都采取比较审慎的态度,如(乾隆五年)《亳州志·疆域志·幅员》卷一云:"今之州邑,或廓于古之大国,凡属疆以内者,在士庶为桑梓之乡,在官司为职守之寄,则先代之所传,目前之所定,可不慎而志之欤?"故是志按东、南、西、北四个方位,分别条列当时亳州的幅员情况。虽然所辖范围时有变化,但城池相对固定。"旧谓筑自楚平王,其间废兴多矣。县于秦汉,郡国于晋魏,虽名目不同,而金汤不改。缘亳地联络南北,淮以涡为门户,涡恃城为保障,设官分镇。向之刺史、节度、防御、团练,咸驻于兹,历为要地。"①明清时期,亳州交通便利,商业发达,地理位置显要,"征发期会,必先定其方隅,而后户籍取次可考,况涡河为域中之襟带,上承沙汴,下达山桑。百货辇来于雍梁,千樯转输于淮泗,间途所出,道里俱在,列其水陆之广袤,固淮西一都会也,规模讵减于昔哉,爰志疆域,而添论其形势"。② 故是志详细记述了当时亳州四面临界之地,以及东西之广、南北之袤的具体里程,随后又列举了历史上以此为扼要

---

① (清)郑交泰修:(乾隆三十九年)《亳州志》卷一,清乾隆三十九年(1774)刻本。
② (清)郑交泰修:(乾隆三十九年)《亳州志》卷一,清乾隆三十九年(1774)刻本。

的著名历史事件,如楚之窥吴、曹操治兵南进、文帝有事江淮、祖逖志清中原、桓温伐燕等,原因是"岂非地利有必争乎,盖亳居豫、徐、扬三州之中,非独一隅之利害也"。①(道光)《亳州志》更加注重对当地"地理"情况的记载,全书正文共计43卷,而舆地志就达16卷之多,分为都邑、疆域、形胜、城池、乡图等23个细目,书中所存地理方面的资料,数量之多、内容之详,在其他方志中,是比较少见的。如正文多达36卷的(道光)《寿州志》,其"舆地志"也只有3卷。尤其卷一舆地志"都邑",记载了西周至元代都城的历次变化情况,所收的"亳都考",则对"南亳""西亳""北亳"之说,引经据典,详加考证,"三家所据,各有其是,亦各有所偏,今为考其源委,证其异同,参之于众家,核之于经传,庶几'三亳'之说各得其条理,而不至相格矣"。② 同时,(道光)《亳州志》卷四舆地志"疆域"中,纠正了《江南通志》有关亳州限界记载之误,又根据《元和郡县志》《太平寰宇记》等典籍记载,考证出"扶阳宜为亳地"之事。此志有关地理方面的记载,也受到后人的肯定,"是志简而赅,详而有体,特别是舆地志有十六卷,十一万多字,占全志四分之一。'亳都考'汇集历史上三家之说,诚是引经据典以证之。为历史地理的研究汇集了许多珍贵资料"。③

除"地理"内容外,亳州旧志还注重对水文的记载,如(乾隆三十九年)《亳州志·修志凡例》所云:"河渠沟洫,民生所关,不详上下源流,何以讲求水利。今俱考之《水经注》及各史地志,合之现在方位,注其通塞并经行流注之方,以备详考蓄泄。"而(道光)《亳州志·修志凡例》亦云:"一方之志,山水最关紧要,

---

① (清)郑交泰修:(乾隆三十九年)《亳州志》卷一,清乾隆三十九年(1774)刻本。
② (清)任寿世修:(道光)《亳州志》卷一,清道光五年(1825)古谯官舍刻本。
③ 金恩辉、胡述兆主编:《中国地方志总目提要》,台北:汉美图书有限公司,1996年,第12页。

而亳地平衍无山,故特详水之发源及所入之水,条分缕析,加以辨证,使留心水利者,庶得有所参稽。"(乾隆三十九年)《亳州志》卷二"河渠",详细记载了境内 23 条主要河流的发源地、流经区域,以及注入哪条河流等情况。同时还介绍了耿塘湖、白零湖等湖泊的具体位置、湖水补给情况,以及龙凤沟、十九里沟等 92 条沟渠的方位及实际里长。尤其是志中所记涡河与黄河的关系,以及水势、运航等情况,对了解涡河乃至淮河流域经济开发史,具有重要价值。"涡水之源出于阴沟,阴沟源于出河之济。阴沟又首受大河,则涡水本与河通,又自鹿邑贾家滩至州两河口,亦系黄流故道,故前明时,每遇泛滥,亳地实处其冲,今幸大河北徙,共庆安澜,而存未然之虑于万一者,不无杞忧焉","但今涡河之水则又以浅淤为患,每当三冬沍涸及雨泽稀少之时,上游涓流细注,仄不容刀,自大桥至翟村寺等处,浅以寸计,运粮怀远颇需时日"。① 此外,是志还记述了涡河的发源、入淮情况,多与《水经注》相符,可见其所存资料比较真实可靠。(道光)《亳州志》卷十七水利志"河工"中,详细记载了涡河、肥河、宋塘河、急三道河、惠济河、武家河、章河、乾溪沟、龙凤沟等 9 条主要河流的疏浚情况,每次所修时间、所修长度、由何人负责,以及所需费用,均详列无遗,如疏通涡河:"乾隆二十三年,知州徐廷琳详请疏瀹涡河,上游奉文委州吏目李绎监督,自鹿邑杨家屯起至州两河口,长三十八丈五尺,报销帑银二百七十七两有奇。"疏通惠济河:"乾隆二十三年,奉文委桐城县丞高伟疏瀹,在境内者长二百九十九丈,宽约五丈,报销帑银五百六十两有奇。"② 此外,是志还收录了《龙凤沟碑记》《修亳州河渠碑记》《筑堤自记碑》等 5 篇记述文字,这些都是研究亳州乃至全

---

① (清)郑交泰修:(乾隆三十九年)《亳州志》卷二,清乾隆三十九年(1774)刻本。
② (清)任寿世修:(道光)《亳州志》卷十七,清道光五年(1825)古谯官舍刻本。

省水利史的重要资料。

方志作为地方性著作,在"灾祥"一目中,对当地所发生的各种自然灾害大都有所记载。由于"亳土寡水利,涡河一衣带耳,通舟楫而不能利田亩,其余河沟更无蓄泄,故霖则涝,而旱则暵,所谓坟墟而兼涂泥者也"。① 故历次所修《亳州志》大都重视对自然灾害的记载。如(乾隆三十九年)《亳州志》卷十"祥异",记载了从隋文帝开皇年间,到乾隆三十七年间,亳州历次所发生的自然灾害。为确保资料真实可靠,所录明代以前的内容,均注明出处。(道光)《亳州志》卷四十杂类志"祥异",则在前志的基础上,又增加了乾隆四十三年至道光元年间亳州历次所发生的自然灾害情况。而(光绪)《亳州志》卷十九杂类志"祥异",在前两志的基础上,又增加了道光十二年至光绪二十一年间亳州历次所发生的灾荒情况。故从隋开皇年间至光绪二十一年,亳州历史上所发生的各类自然灾害,在亳州旧志中大都有记载。其灾荒类型主要有水灾、旱灾、蝗灾、地震、瘟疫、雨雪冰雹等。同时亳州旧志还记述了当时社会对一些重大自然灾害的救治情况。如(乾隆三十九年)《亳州志》卷十二艺文"杂著"中收录的《耿文宗救荒记》,详细记述了康熙年间亳州大饥,耿文宗舍利取义,"视物以酬邻里"的动人事迹。又如乾隆四十三年(1778)七月,境内发生了一次特大水灾:"横流州境,悉成巨津。当是时,田禾尽没,庐舍成墟,竹树摇空,水天一色。民之压者、溺者,有见机而先逃者,有强涉而幸济者,有为巢以困守者,有乘桴以达奔者。噫嘻,荡析离居,祸未有甚于此时者矣!"② 而(道光)《亳州志》卷十七水利志"河工"中所收录的两篇《江公救灾记》,详细记载了知州江恂率民救灾的感人事迹。亳

---

① (清)郑交泰修:(乾隆三十九年)《亳州志》卷六,清乾隆三十九年(1774)刻本。
② (清)任寿世修:(道光)《亳州志》卷十七,清道光五年(1825)古谯官舍刻本。

州旧志有关自然灾害的详细记述,无疑是研究当地灾荒史的珍贵资料。

五、人物事迹方面的资料

"历朝历代,各地所修省、府、州、县以至乡、镇诸志,都必载人物,形成为一个定例和传统,代代相承"。① 那么亳州旧志也不例外,(嘉靖)《亳州志》全书共 4 卷,人物记述分为"秩官列传""烈女传""方外传""忠义传""孝友传""人物列传"等 13 小类,其内容约占全书的二分之一。同时,是志还设有"帝系表""商纪""魏纪"等类目,用于记述与此地有关的帝王、后妃。(嘉靖)《亳州志·修志凡例》认为:"亳以成汤肇域,魏武继作,虽瑕瑜不伦,均之帝系也,故特详其始末云。"故是志卷一"帝系表"分帝王、后妃、王三门,收录了与亳州有关的帝王、后妃、宗室、列侯,共计 33 位;卷三"魏纪"罗列了曹操、曹丕、曹植、曹彰、曹冲、曹林、曹仁、曹休、曹真、曹爽、曹冏等共计 11 位曹氏家族成员的生平事迹,虽然其内容大多是节自《三国志》等史书记载,但是对曹氏家族的相关研究,也具有一定的参考价值;而"后妃纪"则记载了魏、晋、梁、明四朝 5 位亳籍后妃的内容。(顺治)《亳州志》卷二"秩官表"中,则按朝代先后顺序,为东汉至明代 97 位秩官立传,是研究宋应星、张文弼、颜木、张思齐、万夔等人在亳活动情况的重要史料;而卷三中的人物传记,则按"人物列传""忠义传""节烈传""方外传"等类目,记载了曹腾、华佗、陈抟、李绅、夏之臣、李国士、王之屏等 127 位人物事迹,加之"秩官表",全书立传者多达 224 人,为当地文化史的研究保存了珍贵资料。此外,是志对人物在当地的活动事迹,记述得比较详细,有些可以补正史之不足。如元代张柔,《元史·张柔传》记载其在亳情况,内容较为简略,仅有"甲寅,移镇亳州。环

---

① 黄苇等:《方志学》,上海:复旦大学出版社,1993 年,第 659 页。

亳皆水,非舟楫不达,柔甃城壁为桥梁属汴堤,以通商贾之利;复建孔子庙,设校官弟子员"数语。① 而(顺治)《亳州志》卷二"秩官表"则云:"宪宗时,以万户镇亳州,先是柔以连岁用兵,两淮难于运粮,奏据亳州之利,从之。命柔率山前八军,城而戍之。柔又以涡水北溢,浅不可舟,军既病涉曹汉魏博粟皆不至,又以百丈口为宋往来之道。乃筑甬道,一自亳抵沛,一自亳而南堤,百二十里,流深而不能筑,复为桥十五横,一二堡戍之,由是粮无不达。"又如明代薛蕙,《明史·薛蕙传》云:"薛蕙,字君采,亳州人。年十二能诗。举正德九年进士,授刑部主事。谏武宗南巡,受杖夺俸,旋引疾归。起故官,改吏部,历考功郎中。"②介绍其著作有《为人后解》《为人后辨》,重点记述了《为人后辨》的内容。其致仕以后之事,则记载较少。而(顺治)《亳州志》则详细记载了薛蕙退居亳州之事:"遂绝意仕进不复就,乃营庐舍于南园以自适也,扁(匾)曰:'退乐'。中丞马公易日常乐中,凿方塘浮以芙蕖,绿以竹树,杂莳花药,构亭其上,白岩乔公题曰:'莹心'。或对客临文,觞咏自得。暇则曳履田次,荫树临流,与渔叟、农父相答问,意泊如也。读书辄数行下后不再读,以是沉酣典籍,淹贯百家,虽星历岐黄之术、大藏二宗之旨,皆能了其归趣。"③及其著作,"然今之人但知先生为诗人耳,所著有《药言》、《西原集》、《老子集解》行于世,《大宁斋目录》、《五经杂录》凡若干卷藏于家"。(乾隆五年)《亳州志》全书共16卷,其中人物志3卷,分为帝王、名贤、宦绩、武功、忠烈、孝友、儒林、文苑、隐逸、厚行、宾筵、列女、外传,共13个细目,加之职官志的治行一卷,人物列传约占全书的四分之一。其分类之细,可见是志对人物记载的重视程度。(乾隆三十九年)《亳州志》认为:"谯自汉魏,洎乎宋元,领县率六七,疆围既广,名贤辈

---

① (明)宋濂等撰:《元史·张柔传》,北京:中华书局,1976年,第3475页。
② (清)张廷玉等:《明史·薛蕙传》,北京:中华书局,1974年,第5074页。
③ (清)刘泽溥修:(顺治)《亳州志》卷三,清顺治十三年(1656)刻本。

生,黉宫俎豆,爰以罗列为多,旧志遂据所辖者悉行收入,夫论人物于亳,何必借才于异地乎?"①是志所载人物列传,如节录他书,必注其出处,如卷七"名宦"中的周景之传,注其节自谢承《后汉书》;王廷相之传,注其节自《明史》本传。又如卷八"人物"中的夏侯惇之传,注其节录《三国志》本传及《魏略》。再如卷九"列女"中的曹文叔妻之传,节自皇甫谧《列女传》;蒋氏之传,节自《永城志》,等等。一方之志一般只载本地人物,由于当时亳州商品经济较为发达,来亳经商的外地人口日益增多,有些久居此地,事业卓著,闻名乡里,为记载这些外地名人,是志特设"流寓"一门,加以记述。

(道光)《亳州志》卷十六"古迹"收录的《老子石像赞》并序《老子祠碑记》《老子碑记》,是研究老子相关情况的重要资料;卷十三"坛庙"所录的《薛考功祠记》,以及卷十五"陵墓"所收的《薛考功墓铭》《薛考功墓碑》,则详细记载了明代薛蕙的生平履历等事迹,是研究薛蕙的第一手资料;卷十三"坛庙"所录的《朱公书院记》《朱公崇祀名宦祠碑记》,则记载了知州朱之琏的相关情况;卷十三"坛庙"所收《苏公讲院碑记》,卷十五"陵墓"中的《苏公留葬亳州公祀碑文》,则记载了清代知州苏灏在亳活动情况;卷十七"河工"所收的两篇《江公救灾记》和《筑堤自记碑》,则记述了清代知州江恂率众救灾的感人事迹。(道光)《亳州志》在"坛庙""陵墓""碑碣""序传"等类目中,共收录有关人物传记的碑文、小传,多达37篇,有些不仅具有较丰富的史料价值,还有较高的文学欣赏价值。如卷十七水利志"河工"中的《江公救灾记》,卷二十食货志"恤政"中所收的《黄天仪平粜记》,以及卷三十七艺文志"序传"中所录的《孟增广传》《苑亮传》《李成邦传》和《卖腐女传》等。这些碑文传记无疑是研究亳州人物史的珍贵资料。(光绪)《亳州志》全书正文共20卷,

---

① (清)郑交泰修:(乾隆三十九年)《亳州志》卷八,清乾隆三十九年(1774)刻本。

其中人物列传类有5卷之多,占到全书的四分之一。其中卷十职官志"名宦"为184位在亳任仕者立传,加之人物志、列女志在内,仅存其名者除外,全书共为1229人立传。总之,亳州旧志中有关当地人物的记载,内容丰富,资料翔实,为研究当地人物事迹提供了宝贵资料。

第三章 亳州旧志中的古代建筑

第一节 明清亳州城池

　　城市是人类文明发展到一定阶段的产物,历经从产生到发展的漫长过程。正如何一民在《中国城市史纲》中所言:"城市是一种复杂的社会有机体,它的出现不是一朝一夕的事情,而是一个逐渐演进的过程,必然经历漫长的萌芽、发育和成长的历史时期。"①作为传统古城的亳州同样也经历了一个漫长的历史发展过程,据文献记载,亳州曾下辖谯县、城父两地,而现在的亳州城池的营建最早可以追溯到春秋战国时期。"谯县之有城也,始于楚平王筑谯城"。② 三国时期,曹魏虽以亳州为皇室本贯,改郡为国,立为陪都,但"焦城"一名,依然存在,"魏黄初中,文帝自谯循涡入淮。有古焦城"。③ 宋代亳州城池可考者,为宋真宗大中祥符四年(1011)临幸谒太清宫时,特赐州城

---

① 何一民:《中国城市史纲》,成都:四川大学出版社,1994年,第1页。
② (清)钟泰、宗能徵修:(光绪)《亳州志》卷三,清光绪二十年(1894)活字本。
③ (唐)杜佑撰,王文锦、王永兴等点校:《通典》,北京:中华书局,1982年,第4665页。

西门曰"朝真",门楼曰"奉元",北曰"均禧",门楼曰"均庆",此时亳州城堪称极盛。元朝蒙哥八年(1258),当时镇将张柔自杞徙亳,以连岁勤兵,两淮艰于粮运,奏请据亳之利,于是"元主乃命柔以山前八军城而戍之,是为今城址之始基焉"。① 明清时期的亳州城池是在元朝张柔营建的基础上进一步修葺、拓展和完善。在这一时期的营建过程中,关于城池修建的原因、内容、费用等情况大都为亳州旧志所记载。

一、明清亳州城池的损毁

长久失修,自然坍塌。自古以来有国邑即有城池,御暴卫民,可谓全赖金汤之固,因此历代主政者均重视城池的损毁修葺工作。明清时期亳州城池由于年久失修,城垣自然坍塌时有发生,当时此州主政者大都能及时加以修葺。据(光绪)《亳州志·营建志》卷三"城郭"记载,清代乾隆二十六年(1761)亳州城池损毁,"知州王鸣以城节经坍卸,详请归于急工案内,动帑兴修"。另据记载,嘉庆十三年(1808)十二月,知州丁瑞麟以城垣倒塌八处,详请动帑兴修,可惜的是未及勘办即离任。在知州丁瑞麟卸任以后,继之者为知州李尧文,他到任接准移交后,针对亳州城池的损毁状况,亲临现场,周历城垣,逐一履勘。从其勘察结果可知,当时亳州城池的东向、西向和北向三隅均多倾圮,倒塌共有八处,每处的坍塌距离自三丈至十丈余不等,此外多处墙身出现臌裂险情。针对以上情况,李尧文认为急需加以认真整修,绝非一般修补所能完成,"东西北三处城垛、城墙以及四门楼堞实系倒塌残缺,亟须修整,断非粘补所能了事"。② 在李尧文看来,亳州城池出现楼堞坍塌、城墙臌裂等损

---

① (清)钟泰、宗能徵修:(光绪)《亳州志》卷三,清光绪二十年(1894)活字本。
② (清)钟泰、宗能徵修:(光绪)《亳州志》卷三,清光绪二十年(1894)活字本。

毁,主要原因在于亳州城垣建自前明、历年久远的缘故。

黄水夺淮,洪水冲刷。黄水南侵入淮自西汉以来就时常发生,明清时期黄水夺淮屡有发生,而黄河泛滥南侵,亳州境内的涡河便是其夺淮的主要路线之一,"黄河长期夺淮所经线路主要有泗河、汴河、濉河、涡河和颍河五条泛道"。① 据邹逸麟考证,黄水入涡始于 1234 年,宋军入汴,蒙古军南下,决开黄河,以水灌宋军,河水由此南决,夺涡水入淮。"这是历史上黄河第一次走涡水"。② 道光二十三年(1843)河决中牟九堡,豫东南、皖北大片土地受灾,被称为近代史上黄河最大一次水患,也是其旁溜夺涡入淮的。据《重修永清桥碑记》所载,由于亳州城池依涡水而建,每次黄水入涡夺淮,亳州则先受其害,"涡河,上通黄水,下达淮江,受豫之委,黄河溃决,亳先被灾"。③ 据亳州旧志记载,嘉庆十八年(1813)九月初八日,"豫省黄河决口,水漫涡河,溃堤绕城,将州城墙冲塌数段,共计长二十九丈"。④ 道光二年(1822),据知州任寿世称,历年以来屡被黄水冲刷,直抵墙根,浸泡虚松,以致坍塌日甚。

雨雪侵袭,膨裂塌卸。明清时期亳州城垣的损毁,除年久失修、洪水冲刷致使城墙坍塌不全之外,长时间的雨雪侵袭,也是城垣塌卸的又一主要原因。据(光绪)《亳州志·营建志》卷三"城郭"所载,亳州"故城当冲要,或被水患,或被淫雨",因此所毁城垣理应兴修。清代嘉庆年间,知州李尧文任职是地时曾调查以前修城事案,在调查中发现亳州城垣在他来牧此邦之

---

① 吴海涛:《历史时期黄河泛淮对淮北地区社会经济发展的影响》,《中国历史地理论丛》,2002 年第 1 期。
② 邹逸麟主编:《黄淮海平原历史地理》,合肥:安徽教育出版社,1997 年,第 96 页。
③ (清)钟泰、宗能徵修:(光绪)《亳州志》卷三,清光绪二十年(1894)活字本。
④ (清)钟泰、宗能徵修:(光绪)《亳州志》卷三,清光绪二十年(1894)活字本。

前,由于历年久远,本已霉烂不全,"后经大雨时行,又复倒塌多处",嘉庆十四年五月,由于"阴雨连绵,城又坍塌十余处"。清代道光二年知州任寿世则称,亳州城垣的臌裂倒塌缘于近年以来,接连被黄水冲刷,城墙根基早已空虚,"又兼雨雪连绵,浸入城身,以致城墙臌裂之处接续坍卸"。由于雨雪连绵所致城身内部损毁较重,非一时所能修葺完备,出于安全考虑,根据各处膨裂、倒塌情况,不得不移拨兵役小心看守。

除自然原因外,亳州城池的损毁还应有人为因素,尤其是战争和动乱不应忽视,由于目前资料有限,有待日后进一步探讨。针对亳州城垣损毁,历任此州主政者大都认为是地系强悍之区,又平野无险,全恃城垣以为保障,故应"筹款发项赶修,以资保卫,实为公便"。① 如果继续延缓不修,致使将来坍塌更甚,恐怕会需费益钜。

二、明清亳州城池的营建

据文献记载,明清时期亳州城池规模,东西广二里二百余步,南北袤二里一百余步,城墙高有一丈五尺,马道宽五尺,墙基广九尺,周长达九里之多,这一时期对亳州城池的建设主要集中在以下几个方面。

1. 构筑城墙

古代城池的城墙构筑大都以土为主,通常采用夯土版筑的方法进行建造,多夯土建墙。据文献记载,明代初期亳州城墙的营建也是采用夯土之法,建筑土城,"明洪武初筑土城,设衙署,二十二年调武平卫守御"。② 从当时大环境来看,随着明代经济及手工业的不断发展,国力渐渐强盛,加之制砖技术的进

---

① (清)钟泰、宗能徵修:(光绪)《亳州志》卷三,清光绪二十年(1894)活字本。
② (清)钟泰、宗能徵修:(光绪)《亳州志》卷三,清光绪二十年(1894)活字本。

步,烧砖业的快速发展,各地纷纷以砖砌墙,替代以土为主的造墙之法,即"砖砌包皮,当土墙完工之后,紧接着就得砌砖,内外都紧贴土城墙"。① 就亳州而言,明清时期经济较为发达,商业地位显著,据亳州旧志所载,"涡河为域中之襟带,上承沙汴,下达山桑。百货辇来于雍梁,千樯转输于淮泗。……其水陆之广袤,固淮西一都会也"。② 当时随着是地社会经济的迅速发展,在城池营建方面,亳州也加入全国建造砖城墙的潮流之中,于明代宣德十年(1435),"指挥周广乃甃以砖石,包砌其城,筑陴浚隍,较前完固"。③ 周广在明初复立土城墙的基础上加以砖石外,还修其墙。明弘治十一年(1498),知州刘宁、指挥石玺增设城楼,分列四门之上:东曰望仙,西曰朝真,南曰武胜,北曰吉庆。清代对亳州城墙也进行过几次修葺,这里不再一一赘述。

2. 修浚城壕

在古代城池的营建过程中,如何构筑城壕是建造者要考虑的重要内容之一。一般而言,城壕是建于城墙之外的有一定宽度和深度的壕沟,如果水源充足,可引水入壕,即为护城河,无水之壕称为"隍"。为出入便利,往往在城门之前架设桥梁。明清时期亳州城池外城壕的构筑,也是此地城池营建的主要内容之一。据(光绪)《亳州志·营建志》卷三"城郭"记载,明宣德十年(1435),指挥周广以砖石包砌其城时,便筑陴浚隍,目的是"浚其城壕,而城郭沟池益增守御之固矣"。城壕作为一种防御设施,其深度与城的高度有一定关联,"因为古代建城,是用挖壕的土来筑城墙,所以城墙的高度与壕沟的深度是相对应

---

① 张驭寰:《中国城池史》,天津:百花文艺出版社,2003年,第580页。
② (清)钟泰、宗能徵修:(光绪)《亳州志》卷一,清光绪二十年(1894)活字本。
③ (清)钟泰、宗能徵修:(光绪)《亳州志》卷三,清光绪二十年(1894)活字本。

的,壕越深,城也筑得越高"。① 就亳州城池而言,清代亳州城墙高一丈五尺,而雍正时期亳州城外的隍池深一丈,亘以大桥通。有水之处形如卧牛,名曰卧牛,城隍距城半里,深丈许,当时居民名曰"海濠"。据《海濠禁碑》记载,随后城壕日益废弃,为无居所民众挤占,"昔经兵燹之后,民无居室者倚此浮居,日久相沿,继经回禄,迁徙靡当,旗丁妄指此为卫地"。② 此后亳州城壕保护金汤的功能渐渐丧失。

3. 建筑城圩

古代建城选址大都考虑近水之地,城内人口的生活、生产用水问题是建城选址首要考虑的,故往往以临水为原则,进行选址。亳州城池依涡水而建,既可满足城内居民的日常用水之需,也可通舟楫之利,"夫亳为山陕通衢,轮蹄络绎,而涡河近城北一带有商贾、百货所聚集"。③ 但是亳州地势旷衍,黄水决口时,往往由涡入淮,亳州深受其害,如嘉庆十八年(1813)九月黄水泛滥,"漂没两岸,并附城民舍数十万间"。④ 为使临水城池免遭水患,一些城池在城外建设城圩以备水灾,如王有光《筑圩图说·跋》中所言,构筑城圩"通变宜民,驱除水害"。⑤ 据(光绪)《亳州志·营建志》卷三"城郭"记载,清代咸丰七年(1857),知州博铭倡议建护城砖圩一道,"自州城东北至西北隅,计长一千零八十丈,高一丈七尺"。具体施工分三段进行,分别是:在水兽庙保者,自城东北隅,西至干鱼市,长三百六十丈;在火神庙

---

① 嘉禾编著:《中国建筑分类图典》,北京:化学工业出版社,2008年,第178页。
② (清)钟泰、宗能徵修:(光绪)《亳州志》卷三,清光绪二十年(1894)活字本。
③ (清)钟泰、宗能徵修:(光绪)《亳州志》卷三,清光绪二十年(1894)活字本。
④ (清)任寿世修:(道光)《亳州志》卷四十,清道光五年(1825)古谯官舍刻本。
⑤ (清)孙峻、(明)耿橘撰,汪家伦整理:《筑圩图说及筑圩法》,北京:农业出版社,1980年,第15页。

保者,自干鱼市西至半截街,长二百八十丈;在明王台保者,自半截街至城西北隅,长四百四十丈。前后用时长达四年之久,规模之巨可想而知。亳州城圩建设的又一较大工程,是同治六年(1867),知州王懋勋与州绅杨忠义、张建祥、姚文礼等倡修的涡北岸德聚圩。此圩原名"东寨",虽为"防止动乱"①而建,但对于保护圩内居民、抵御水患也应起到一定作用,其具体位置为东至董家街,西至分司街,北至火神庙,南至涡河沿,"东西距二里,南北距一里半,周围长一千零八十丈,均土工"。②光绪二十年(1894),知州宗能徵在姚凤仪、郭玉光等倡议下,又劝集商捐,改修砖圩。

三、明清亳州城池的营建费用

古代城池营建有别于一般工程,需要较大规模的资金,从现存的亳州旧志记载来看,明清时期亳州城池营建的费用主要靠官府拨款,如(光绪)《亳州志·营建志》卷三"城郭"记载:"理应兴修者,自宜请帑动工。"如清代乾隆二十六年(1761),知州王鸣以城垣坍卸,呈请上级拨款修建,于次年二月,檄饬兴工,计历八月告竣,"报销银一万四千五百七十两有奇"。③嘉庆十三年(1808),知州丁瑞麟以城垣倒塌较为严重,详请动帑兴修,未及勘办旋即离任。嘉庆十八年(1813)九月,黄河决口,涡河泛滥,河堤溃决,城墙被冲塌数段,共计长达二十九丈,知州李尧文详请修筑,遂于十一月十三日起工,十二月十六日工竣,动用银一千四百十八两一钱七分一厘。清道光二年(1822),据知州任寿世称,由于亳州城池历年久远,常被黄水冲刷,加之近来

---

① 冀光主编:《画说老亳州》,合肥:安徽人民出版社,2006年,第148页。
② (清)钟泰、宗能徵修:(光绪)《亳州志》卷三,清光绪二十年(1894)活字本。
③ (清)钟泰、宗能徵修:(光绪)《亳州志》卷三,清光绪二十年(1894)活字本。

雨雪连绵,城垣出现多处坍塌、臌裂,损毁较为严重,经过详细勘察,认为若再因循,致使将来坍塌更甚,需费巨繁,且地当强悍,实系应修急工,刻难缓待,故请求上级能迅速批示,筹款发项赶修,后经批准,"遂于本年四月十六日开工,至九月十八日工竣,报销银一万四千八百十两六钱二分八厘"。① 由于乾隆二十六年与道光二年这两次修城费用,前者报销银一万四千有奇,后者报销银亦止一万四千八百有奇,银数相差不大,此事可谓较为巧合,以至于后人把两次修城之事,赞为后先同符,可谓继美。

清道光二年(1822)亳州城垣修建费用不仅与乾隆二十六年的修城费用较为接近,还开当时安徽修城动支地丁正项银两之首例。据(光绪)《亳州志·营建志》卷三"城郭"记载可知,当时陶澍详称,"接淮庐凤道移会委员会勘亳州应修坍塌城垣等项,逐一勘估,实需工料银一万四千八百十六两六钱二分八厘",当时与亳州一起呈请委勘兴修城垣的还有凤台县,该县实需工料银一万三千四十八两五分二厘四毫。按照当时惯例,安徽各地修城费用有固定的支出项目,"徽省各属请修城垣,系于司库,运司解到匦费及水利工程典息银两动支"。② 但是由于当时全省匦费数量极其有限,加之水利工程典息银亏空,如果按照传统项目支出,两地修城所需费用根本无法兑现,"今司库匦费每年仅带征银数千两,而水利工程典息现在亦无存银,即有完解,尚不敷本款之用"。③ 据当时安徽巡抚孙尔准称,江苏省宝应县修城垣所需工料银两,俱经该省抚臣奏请,在该省藩库地丁正项银两动支。由于安徽、江苏同为修城一例,故请求

---

① (清)钟泰、宗能徵修:(光绪)《亳州志》卷三,清光绪二十年(1894)活字本。
② (清)钟泰、宗能徵修:(光绪)《亳州志》卷三,清光绪二十年(1894)活字本。
③ (清)钟泰、宗能徵修:(光绪)《亳州志》卷三,清光绪二十年(1894)活字本。

循照江苏省之案,动用安徽省藩库地丁正项银两,从后来批复可知:"着照所请,准其援照江苏宝应县请修城垣动支库项之例,在该省司库地丁正项银内动支办理。"①在(光绪)《亳州志》的编纂者看来,请帑修城,必经奏闻,乃自来之常例,之所以详述记载这次修城事项,其原因在于"安徽修理城垣向无动支地丁正项银两之事,唯亳州与凤台首开此例。"②明清时期亳州城池营建的费用除官府拨款外,民间捐资也不可忽视。据(光绪)《亳州志·营建志》卷三"城郭"记载,如嘉庆十四年(1809)五月,由于阴雨连绵,城垣出现多处坍塌,知州李尧文在勘察请修之时,孟兴构、李伟章、朱丙照、孙之城、巩天木、谭景元等四十余位本州绅士称,亳城建自前明,历年久远,倒塌太多,工程浩繁,"生等情愿捐输",经上级批准,十五年四月二十五日兴工,至九月十五日工竣,"计捐银一万七千七百两"。又如光绪二十年(1894),知州宗能徵准备把亳州涡北岸德聚圩由土圩改修砖圩,督同董事姚凤仪、郭玉光等则"劝集商捐",③对这种民间捐资修城的行为,当时主政者也已经意识到持续性较弱,一旦城垣毁坏较重,工用浩繁,即使民众自愿捐资,究亦殚力,不是长久之计,是皆可暂而不可常,可一而不可再者也。

城垣修建一般规模较为宏大,所用资金较多,对于修城资金的使用,大都有严格规定。如清道光二年(1822),知州任寿世则颁布《修城示稿》,以便州人晓谕此事,该"示稿"公布了此次修城的开工时间及工人的酬劳等内容,"大工每名发给工食钱八十文,小工每名发给工食钱七十文,每一名每一日均给犒赏烟茶钱八文,共计大工每日给钱八十八文,小工每日给钱七

---

① (清)钟泰、宗能徵修:(光绪)《亳州志》卷三,清光绪二十年(1894)活字本。
② (清)钟泰、宗能徵修:(光绪)《亳州志》卷三,清光绪二十年(1894)活字本。
③ (清)钟泰、宗能徵修:(光绪)《亳州志》卷三,清光绪二十年(1894)活字本。

十八文"。① 此外,该"示稿"还规定各地不准借此修城派拨民力,所有应发工人酬劳,按名按日给付,工头等不得从中克扣,出其"示稿"目的是让工人和当地居民进行监督,一旦发现有借此勒派或克扣工价的,允许立即指名,到州县禀告,将"以凭究治,决不宽贷"。

明清时期亳州虽不似曹魏时期贵为王都,地位显赫,但其地理优势依然较为显著,危机时则为群雄角逐之场,升平时则为人物辐辏之地。尤其是这一时期亳州的区域商业重镇地位优势明显,可谓"百物以蕃,众庶以集"。② 涡河近城北一带更是商贾络绎,百货云集,"每一街为一物,真有货别队分气象。关东西,山左右,江南北,百货汇于斯,分亦于斯",③有淮西大都之称。明清时期亳州这种突出的区域商业地位,或许是这一时期亳州城池不断得到修葺、加固的一个重要原因。本书对古代亳州城池的分析较为粗浅,在研究的广度和深度上,都需要进一步拓展,有关明清时期亳州城的内部空间布局、建筑结构等相关问题,有待今后深入探讨。

第二节 明清亳州官学建筑

古代方志记载学校由来已久,如在敦煌所发现的唐代《沙州都督府图经》里,就有记载"州学""县学"的情况。明清时期,一方之志记载一地之学校,更为普遍。作为地方珍贵文献的《亳州志》也记载了当地的教育情况,如(乾隆三十九年)《亳州志·艺文志》卷十二"碑记"中,就收录了多篇关于当地教育建筑的碑文,这些碑文又以明清时期居多,如明代嘉靖时期薛蕙

---

① (清)钟泰、宗能徵修:(光绪)《亳州志》卷三,清光绪二十年(1894)活字本。
② (清)钟泰、宗能徵修:(光绪)《亳州志》卷一,清光绪二十年(1894)活字本。
③ (清)钟泰、宗能徵修:(光绪)《亳州志》卷二,清光绪二十年(1894)活字本。

的《移建亳州学记》,颜木的《六经阁记》,万历年间沈鲤的《重修亳州儒学记》;清代康熙年间马逸姿的《重修文庙碑记》,康熙年间支魁璧的《重修明伦堂碑记》以及乾隆年间张肇扬的《重修学宫记》等。这里将依据这些珍贵的碑刻文献,对明清时期亳州城内的官学建筑状况进行初步分析。

一、主要官学建筑

据亳州旧志记载,是地自古为帝王风化之地,凡事莫重于学校,各级官吏,大都推崇教育,积极兴建学校,目的是成德达才,关乎地方发展的长久之计,"学校者,教育人才之地而士子登进之阶也"。① 据文献记载,亳州学校始自唐代,墟于金季,元代复建,明清时期多所修治,其城内主要官学建筑有:

文庙,是"文宣王庙"的简称,因唐玄宗于开元二十七年(739)追封孔子为"文宣王"而得名。据张亚祥考证,地方文庙始创于唐代,迅速发展于宋元时期,于明清时期得以全面普及和定型,是地方主要的官学建筑样式之一,"从唐宋代开始,政府官办的地方学校中都必须建立孔庙,因为庙和学建在一起,庙、学不可分,故被称为庙学,它涵盖了孔庙和学校,并且主要指地方官学,此称谓多为后来各朝代使用"。②

亳州学校虽始于唐代,至于文庙创始时间,后人说法不一,如清代乾隆年间张肇扬在《重修学宫记》中认为创始于元代张柔,"亳为古谯地,文庙之建创自元时张万户柔";③而(乾隆三十九年)《亳州志》卷二"学校"中则云张柔为复建,"郡县学校始自贞观,亳之黉序夏竦修之,而墟于金季。稽其复建,则自元忠武

---

① (清)郑交泰修:(乾隆三十九年)《亳州志》卷十二,清乾隆三十九年(1774)刻本。
② 张亚祥编著:《江南文庙》,上海:上海交通大学出版社,2009年,第18页。
③ (清)郑交泰修:(乾隆三十九年)《亳州志》卷十二,清乾隆三十九年(1774)刻本。

张柔始,忠武结发从戎,致身节镇移兵驻亳,职在征行,乃能倥偬之际建孔子庙,设校官弟子员,虽古名将何以加焉"。本人则倾向于后者,亳州自古望郡,文人辈出,历来重视尊孔的作用,如《延祐元年追封文庙碑》所云:"圣者非孔子无以法,所谓祖述尧舜,宪章文武,仪范百王,师表万世者也","父子之亲,君臣之义,永惟圣教之尊,天地之大,日月之明,奚罄名言之妙。"①因此,亳州文庙的创建,很可能要早于元代,从《元史·张柔传》也可以得到佐证。张柔移镇亳州时"环亳皆水,非舟楫不达,柔甃城壁为桥梁属汴堤,以通商贾之利;复建孔子庙,设校官弟子员"。② 据文献记载,张柔重建文庙后,元朝曾先后增修十余次,规模较大的一次修建情况,是在至元三年(1266),据《至元三年修文庙记》可知,当时知州曾伏谒庙下,相其门庑楼亭,岁久不葺,日就剥落。第二年(1267)春天,知州特集所属,合议于厅,得到僚属交赞,于是割租缗之五千布,用于治朴斫甄之费,"价出物入,佣分工合,匠趋献能,吏慎董役,属邑无所扰,主民无所哀,无浮费、无旷时,浃五旬而就绪"。③ 明清时期亳州文庙历经多次修治,清代康熙年间的一次修建情况,从马逸姿《重修文庙碑记》中可以窥见一斑,"庙之东,另辟新衢,俾步趋进退者,咸循矩延而不失其仪。复增构数楹,令食饩有所,礼器有储,斋宿有地,比旧制更为改观,盖名虽曰修而功实兴创"。④

学宫,是指地方官办学校以及其中的宫殿建筑,在清乾隆至同治年间编撰的地方志中,很多地方的府、州、县也称庙学为学宫。学宫与文庙之间,在建筑布局和功能方面,也存在一定

---

① (清)郑交泰修:(乾隆三十九年)《亳州志》卷十二,清乾隆三十九年(1774)刻本。
② (明)宋濂等撰:《元史》,北京:中华书局,1976年,第3475页。
③ (清)郑交泰修:(乾隆三十九年)《亳州志》卷十二,清乾隆三十九年(1774)刻本。
④ (清)郑交泰修:(乾隆三十九年)《亳州志》卷十二,清乾隆三十九年(1774)刻本。

差异,前者更侧重于教学,后者侧重于祭祀。"学宫并不像文庙那样有严格的布局制度,它有一定的灵活性,绝大多数学宫都有一条南北向的中轴线,布置儒学门、仪门、明伦堂、尊经阁或藏书楼等主要建筑,其他次要建筑则根据各地的具体情况布置。"①

据张光华考证,"亳州学宫始建于宋庆历年间,历经元、明、清各代扩建、改建、整修,至光绪年间逐渐形成规模庞大的建筑群"。② 明代万历年间,知州马呈鼎曾对亳州学宫进行过修治,据马逸姿《重修文庙碑记》所云,在马呈鼎之前也许曾修过,可能没有记载下来而已,"自明万历间,知州事马君呈鼎继修后,未闻有念及此者。岂前人传舍其官而亦等学宫于传舍,抑亦曾修而未有文以志之耶"。③ 清代康熙年间,是地的主政者见学宫风雨渗漏,土木倾颓,于是乃集其僚属与州之绅士,告之曰:"兴行教化端自学宫始,今堂殿宫墙岌岌欲危,及兹不治一就崩颓,其费靡。已且饩廪未立,笾豆乏藏,斋宿无地矣,失一郡之观瞻,此固有司之责,亦绅士之所当厪念也,今将安计?"④当时州人李长桂认为,学宫之宜修也亟矣,愿弃产捐资以襄不逮,于是选择良辰吉日,鸠工庀材,李长桂亲自管理其需,州中诸生各司其事,各负其责,"凡诸在位与有力焉,阅一载而厥功告成。昔之败栋颓垣,今则丹壁辉煌矣;向者泮池无勺水之潴,今则引流水盈且洁矣。"⑤清代乾隆年间,张肇扬与程光弼、李绎、王万年、施君灏等人,共倡议捐资以修学宫,得到州中绅士的响应,约一

---

① 张亚祥编著:《江南文庙》,上海:上海交通大学出版社,2009年,第45页。
② 张光华:《清代亳州的教育体制》,《兰台世界》,2012年第21期。
③ (清)郑交泰修:(乾隆三十九年)《亳州志》卷十二,清乾隆三十九年(1774)刻本。
④ (清)郑交泰修:(乾隆三十九年)《亳州志》卷十二,清乾隆三十九年(1774)刻本。
⑤ (清)郑交泰修:(乾隆三十九年)《亳州志》卷十二,清乾隆三十九年(1774)刻本。

年而整修一新,"诸绅士金踊跃乐从,鸠工庀材,制加宏厂,越一岁,工告竣,而亳之学校自殿庑堂阶以及斋舍遂焕然一新矣"。①

亳州官学建筑,除文庙、学宫外,还有明伦堂,从字面意思讲,明伦是指明白知晓儒家所宣扬的各种伦理知识,明伦堂就是当时研习儒家经典,使人明达各种儒家伦理知识的礼堂一类的建筑物。据支魁璧的《重修明伦堂碑记》记载,清代康熙年间,当地的主政者认为,明伦堂"自康熙癸卯岁修葺以来,六十年榱折栋挠,至不足以蔽风雨,有事登堂辄皇遽而去",于是便倡议捐资修之,"自雍正元年孟冬月始,仲冬月告成,严翼壮伟,一如其旧"。② 此外,还有六经阁、文昌宫、魁星阁、名宦祠、书院等官学的附属建筑,由于篇幅有限,这里不再分别赘述。

二、官学建筑布局

方志对当地学校情况的记载,通常较为详细,是研究当时教育发展不可忽视的重要文献,因为"通过方志的记载,我们不但可以了解当时府学兴废和发展过程,而且可以知道当时学校的规模"。③ 据亳州旧志记载,明清时期亳州官学建筑的规模和标准在当时都比较高,这对研究当时城市建筑与教育变迁,均具有重要价值。

1. 分布情况

据亳州旧志记载,明清时期亳州城内的主要官学建筑在区域分布上有明显的变迁过程。亳州学宫在创始时,"旧在州治东,唐故址也"。④ 宋庆历年间节度使夏竦对原址进行重修,元

---

① (清)郑交泰修:(乾隆三十九年)《亳州志》卷十二,清乾隆三十九年(1774)刻本。
② (清)郑交泰修:(乾隆三十九年)《亳州志》卷十二,清乾隆三十九年(1774)刻本。
③ 仓修良:《方志学通论》,济南:齐鲁书社,1990年,第521页。
④ (清)任寿世修:(道光)《亳州志》卷二十三,清道光五年(1825)古谯官舍刻本。

代张柔移镇亳州时,在原有建筑基础上,又复建两庑和前后二堂,具体的修建情况,陵川刘方撰写碑记加以记载,可惜刘氏碑文亡佚,没有保存下来。而至元年间,知州盖苗监郡阿里海牙又建两庑,绘七十子像,修筑宫垣、学室,召师生居之。明代亳州学宫历经修建,据(道光)《亳州志》卷二十三"学校志"记载可知,明洪武三年(1370),知州张文弼因故基创建;宣德十年(1435),知县陈温、武平卫指挥周广增修十二哲像;正统元年(1436),御史彭命县令卢试荣修殿门庑、斋库、神厨,训导李贤撰记,可惜此碑早已亡失;景泰五年(1454),知县徐贵徙明伦堂及学门于殿右;天顺六年(1462),知县邓昱建大成殿五间;成化九年(1473),知县王瑾建明伦堂五间,知县谢宥重修;弘治十四年(1501),知州王沂因县改州,恢拓其制,增设二斋、仓库,同知张淮修正殿、戟门,十八年知州刘宁开兴贤街神道。并且该志明确指出明代历次兴修官学建筑的地址,"按:以上建修,皆在州治东者"。① 明正德十六年(1521),亳州学宫的地理位置发生了巨大变化,生员段九畴以旧制狭隘且距离州治太近,建议主政者把学宫由城东搬迁到城内西南隅的军储仓旧址,随后知州颜木进行集议,决定用石玺废宅,并杂植柏桧,是为学宫新址,"明正德间漠东颜公木□迁于州之西南,即今地也"。②

清代亳州学宫一直在城内西南隅,并历经修治。其具体修建情况是:康熙十九年(1680),知州唐翰陛修大成殿;康熙五十八年(1719),知州苏灏重修,又添建三楹于戟门东,令有事庙中者于此屏息肃仪焉;雍正九年(1731),知州尤拔世率本州绅士葺之,据《江南通志》记载,雍正九年知州韩俊重修,而未言尤拔世或相继修葺,可惜无碑可考,具体情况不得而知;乾隆十九年

---

① (清)任寿世修:(道光)《亳州志》卷二十三,清道光五年(1825)古谯官舍刻本。
② (清)郑交泰修:(乾隆三十九年)《亳州志》卷十二,清乾隆三十九年(1774)刻本。

(1754),知州严文照倡修,旋以事去,署任李天玺踵成之;乾隆三十一年(1766),知州陈廷柱复议重修,并移明伦堂于殿北,旋以事去,知州张肇扬继成之;乾隆四十二年(1777),绅士黄光荣、赵敔、陈永懋重修戟门并名宦、忠义祠;乾隆五十四年(1789),绅士徐继泰、孟兴杓、鲁讷、戴广和、黄光荣、李继城、李长年、陈永懋、王见龙、李玉衡、雷瀛洲、吴世科、程贺年、吴世慧、张际隆重修两庑;乾隆五十七年(1792),绅士李长年、戴锦、陈永淳修照墙;乾隆五十八年(1793),绅士陈永淳、李长年重修泮池、月桥;嘉庆十四年(1809),绅士何天衢、李长年、陈永懋等重修正殿;嘉庆二十五年(1820),绅士张德化修棂星门、两庑。

2. 建筑结构

由于教育兴衰关乎国家大计,"国家致治,首重人才,而人才之盛衰视乎学校之兴废,昔先王设党庠术序以教士也,春秋以礼乐,冬夏以诗书,既井然有其条"。[1] 因此历代统治者大都重视学校建设,在建筑形制上也较为讲究。据张亚祥考证,文庙的基本形制,一般来说,大成殿居中,殿前左右设东西庑,前有月台,殿南为大成门,有的地方也称为戟门,再前为棂星门和万仞宫墙照壁,泮池位于棂星门外,崇圣祠位于大成殿的北部或东北,只有具备以上建筑,才能算是形制完备。就学宫而言,虽然结构不如文庙有严格规定,灵活性较大,但是地方学宫在结构上也有相应的基本规制,"明伦堂居中,前部左右设东厢和西厢房,堂后为尊经阁或藏书楼,堂前设儒学门和仪门两道。地方官学只有完全具备这些建筑,才能算是制度完备,除此之外,许多地方官学中都建有斋舍、儒学署、教谕廨、教授厅、敬一亭、洒扫公所、会馔堂、库房、射圃亭或观德亭等建筑,还有一些地方将文昌祠、忠义孝悌祠、节孝祠等建于学宫中。"[2]

---

[1] (清)郑交泰修:(乾隆三十九年)《亳州志》卷十二,清乾隆三十九年(1774)刻本。
[2] 张亚祥编著:《江南文庙》,上海:上海交通大学出版社,2009年,第45页。

至于清代亳州官学建筑的结构情况,在(顺治)《亳州志》卷二"学校"中有详细记载,"中为先师殿,两翼为东西庑,前为戟门,门之前为棂星门,又前为泮池、为桥。"①其他相关建筑均以先师殿为中心展开,在先师殿之东北隅是启圣公祠,该祠原在先师殿东庑之后,顺治九年(1652),知州亢发祥、学正刘光胤、薛□捐募,改建于此处,先师殿以东是东庑,顺治十一年(1654),知州严自泰、学正秦锡蕃、通学诸生,捐募重修,东庑北有神库和神厨,但是神厨在当时已废,仅遗基尚存;先师殿南边为戟门,戟门外有□亭,且有碑一块,碑文为郡人吏部考功司薛蕙所作,内容保存在该志的"艺文"中,在戟门外东面有射圃一处,在泮池以东,知州严自泰、学正秦锡蕃、通学诸生创建有奎楼;先师殿西北为明伦堂,在明伦堂后面是敬一亭,当时已颓毁,明伦堂的左右两翼分别建有进德斋、讲学斋、修业斋,当时已颓毁,而进德斋东的号房以号房北的馔堂当时则在,在明伦堂东面两间建筑内存有科贡题名碑一块,而卧碑则在明伦堂东间内,在明伦堂之西还有训导宅,学正宅在明伦堂之次西;在先师殿北面曾建有六经阁,名宦祠在六经阁东,乡贤祠在六经阁西,可惜当时已颓毁;此外在学制两端,知州颜木建有育才坊,当时已废,仅存遗址,在神道正南知州张□建文明坊,当时已废,还有讲堂废址、宰牲所、□贤坊等建筑,由于缺乏文字记载,具体位置难以稽考。从以上叙述可知,清代亳州官学建筑的结构,大体与地方文庙的规制相符,但也存在差异之处。

三、官学建筑功能

古代地方官学建筑虽然因朝代不同或区域差异而名称有所变化,但就其功能而言,主要体现在祭祀、讲学、教化等方面,而明清时期亳州城内的官学建筑同样也具有上述功能。

---

① (清)刘泽溥修:(顺治)《亳州志》卷二,清顺治十三年(1656)刻本。

1. 祭祀

古代地方官学中祭祀孔子的现象,自汉代就有,尤其是各地文庙,往往和学校建在一起,是当地民众祭祀孔子的重要场所,"因为孔庙在学校当中,故有学庙之称,是地方官员、乡绅和民众祭祀孔子的地方"。① □谦在《至元三年修文庙记》中指出,孔子之教作用巨大,影响深远,祭祀加以推崇,以化世人,为当时主政者所重视,"孔子之道与乾坤准。乾象以形覆而天道成;坤象以形载而地道宁;孔子以教传而人道立。故通四海、历万世,咸庙祀以致崇极,不敢有丝发遗坠,主民社者将植化以示之人,务莫急乎此矣"。② 此外,从此碑文也可以看出,在这次对文庙进行修葺的过程中,修建者总是尽力凸显崇祀孔子的氛围,"其先西庑绘七十子之像列从祀也,中墀近右有亭,树大德加号碑,扬德音也。南峙神门又南建棂星门,壁背传朱妥圣灵也,惟兹所咸仍旧规"。凡是盖瓦级砖,凡是曲桷枋栱甃石之朽缺者,修建者大都举撤而新之,并且比先前更注重装饰,目的是使"望者竦惊、入者增敬、过者啧啧,屡领厥首"。③ 据(道光)《亳州志》卷二十二"学校"记载,当时亳州学宫正殿内,设有"至圣先师孔子位",在东西庑祭有孔子弟子和历代先儒,同时对祭祀用品和祭祀乐章也有严格的规定。

2. 讲学

一方之致治,首重人才,而人才之盛衰视乎学校之兴废,故亳州官学建筑突出讲学功能、注重人才培养,一直为历代是地主政者的共识,如(乾隆三十九年)《亳州志》卷十二"艺文"中《重修文庙碑记》所云:"学校者,教育人才之地而士子登进之阶

---

① 张亚祥编著:《江南文庙》,上海:上海交通大学出版社,2009年,第18页。
② (清)郑交泰修:(乾隆三十九年)《亳州志》卷十二,清乾隆三十九年(1774)刻本。
③ (清)郑交泰修:(乾隆三十九年)《亳州志》卷十二,清乾隆三十九年(1774)刻本。

也。"由于亳州自古望郡,名贤辈出,"教者固宜早知所致力矣,况亳本名区,论道德则言传五千,论文词则才推七步,嗣是历唐宋以来,代有文人高士,即前明如薛考功、李方伯诸先哲,气节事功彪炳志乘,足为士林楷式,近世科名虽不及古,然在凤颍间犹为翘楚"。① 但是明清时期,亳州出现了科举不兴、人才衰落的迹象,"今亳之人士多以科第寥寥为憾,伏读御制太学碑文引朱子同安县谕学者语甚详,大要以学先为已,无役志于纷华知为已,则四书五经皆圣贤精蕴,体而行之"。② 沈鲤在《重修亳州儒学记》中也云:"独是科第不数数举,甲午、戊戌而后,益复寥落,嗟嗟独是。亳诸先达,接踵相映,何讵后来无人,十岁风草,十室忠信,在所培之耳。"③ 从该碑文也可看出,当时民众甚至把是地人才的偶然出现,归于官学建筑的迁移,"文昌阁本处殿后,移置东南隅,宣朗入望。是岁壬子后俱竣,果举两生,于乡父老咸谓验于修学校矣"。由此可知,官学建筑的讲学功能,为当时人所看重。

3. 教化

对普通民众进行教化,为封建社会历朝统治者所重视,因为"善政,不如善教之得民心也"。④ 明清时期亳州地方官学建筑,大都被当时的主政者看作对民众实施教化的重要场所之一,据(乾隆三十九年)《亳州志》卷十二"艺文"中马逸姿的《重修文庙碑记》记载,当时"燕中苏侯来莅是邦,宽平理赋,明允治狱,尤以振兴学校为拳拳",州中要事之多,为什么仅仅对一地之"学校"如此重视呢?在其后来和其属僚、州之绅士的谈话

---

① (清)郑交泰修:(乾隆三十九年)《亳州志》卷十二,清乾隆三十九年(1774)刻本。
② (清)郑交泰修:(乾隆三十九年)《亳州志》卷十二,清乾隆三十九年(1774)刻本。
③ (清)郑交泰修:(乾隆三十九年)《亳州志》卷十二,清乾隆三十九年(1774)刻本。
④ 焦循撰,沈文卓点校:《孟子正义》,北京:中华书局,1987年,第897页。

时,道破了其中原委,"兴行教化端自学宫始"。① □谦在《至元三年修文庙记》中认为,如果一方之主政者只知治民而不知化民,仅用桎梏以鼓势,苛禁暴令以市声严,这无异于父之教子,不能预导以义,方俟其恶行狼疾时,而开始呵之、杖之、虐之、斥之,这是寡恩的体现,正确做法应是,"夫使里巷小民,观夫子圣道,若是其可尊,则老必谕其少,长必约其幼,自相率而训于教,非感化之妙机欤!"②又如明伦堂作为亳州地方官学建筑的重要组成部分,是讲道论德、端人正士之地,原因是"斯堂之有关于礼教也"。③沈鲤在《重修亳州儒学记》中将是地官学建筑的教化作用进一步理想化,"使君修其政教,愿终惠亳;诸广文修其师表,愿为诸生。师诸生又相与修其德业,弘诵日新、风俗日美,愿无负父兄师长之训,果能此道矣。"④

4. 藏书

由于亳州地处皖北,地势显要,加之屡经兵燹灾患,许多纸质文献很难流传下来,所幸的是有些书籍借助于部分城内官学建筑得以保存。据亳州旧志记载,知州颜木曾于明代嘉靖初年,建六经阁于学宫内大成殿后,并作《六经阁记》以记之,至于所存典籍的数量和种类在该文中没有记述,这是本地"建阁而藏经"的确切记载,令人惋惜的是,此阁于清代顺治年间已颓毁。(道光)《亳州志》卷二十三《学宫存贮书籍》中,详细罗列了当时学宫所藏书籍情况,如《诗经大全》一部、《汉书》一部二函、《万寿衢歌》、《圣庙礼乐祭器图》四本一部等85种,其中还有三

---

① (清)郑交泰修:(乾隆三十九年)《亳州志》卷十二,清乾隆三十九年(1774)刻本。
② (清)郑交泰修:(乾隆三十九年)《亳州志》卷十二,清乾隆三十九年(1774)刻本。
③ (清)郑交泰修:(乾隆三十九年)《亳州志》卷十二,清乾隆三十九年(1774)刻本。
④ (清)郑交泰修:(乾隆三十九年)《亳州志》卷十二,清乾隆三十九年(1774)刻本。

种清代所修《亳州志》。此外，当时柳湖书院的育才堂也是主要的藏书之所之一，从其书目可知，经部类有《汲古阁十三经注疏》《尚书大传》《诗序广义》等，史部类有《翻刻汲古阁版十七史》《竹书纪年》《元史类编》等，子部类有《道德经》《南华经注》《管子》等，集部类有《庾子山集》《颜鲁公集》等，涵括丛书、小学、医家、序录、地志、图谱、遗规等方面的著述，多达二百种，《柳湖书院藏书序》对其内容丰富、种类齐全，加以称道，"经史子集，有美必全，青绿缥缃，无奇不弃，上下芸□压架，足给三余；东西竹素，盈仓争多"。

据亳州旧志记载，亳州城内官学建筑创始于唐代，历经宋元发展，明清时期逐渐形成了规模宏大、规制完备的官学建筑群，这些官学建筑在空间分布和内部结构上，大体与当时的规制相符，但也有明显的不同之处，尤其是部分主要官学建筑经历由城市东北向城市西南移建的过程，这其中的原因值得我们深思。虽然这些建筑，于今天所剩无几，但深入探讨这些官学建筑，对于研究当地教育和城市的变迁意义较大。

第三节　明清亳州私家园林

古代私家园林在古籍中常称为园、别墅、别业等，[①]据薛凤翔《亳州牡丹史》及亳州旧志记载，明清时期亳州私家园林比较兴盛，且与同时期的江南园林、北方园林相比，带有明显的地方风格。

一、亳州私家园林概述

明清时期，亳州"为扬、豫水陆之冲，豪商富贾比屋而居"，[②]商业相对发达，加之当时文人学士的推崇，亳州私家园林虽不

---

① 周维权：《中国古典园林史》，北京：清华大学出版社，1999年，第7页。
② （清）任寿世修：（道光）《亳州志》卷四十一，清道光五年（1825）古谯官舍刻本。

及江南之盛,但也迎来私人筑园的鼎盛期。据薛凤翔《亳州牡丹史》卷二"别传纪园"记载,明代亳州的私家园林多达17处,比较著名的有常乐园、南里园、懒园等,但以上旧园"在隆万、天崇之间,后经季年兵燹,迁移转易,俱丛残"。① 由(道光)《亳州志》卷十六"舆地古迹"可知,清代亳州私家园林有跂鹤园、清课园、舒啸园等11处之多,光绪年间大都荒废。当时亳州私家园林不仅数量多,而且类型多样,如明代王仁子的懒园,清代支氏的跂鹤园等,可归为别墅型园林;南里园、方氏园等,面积相对较大可供游玩,可归为游憩型园林;明代位于城东的韩家园,清代李长桂的李孝子园等,在宅边筑园,可谓住宅型园林;城东的韩家园、单家庄等处,以种牡丹取利,此类园林可归为经济型园林。明清亳州私家园林地域分布较广,大多集中在郊区,在城区外的东南西北四个方位,都曾建有园林,如城东的渡口李氏园、城南的常乐园、城西的懒园、郭北的乐园等,此外还有在城内西门的清课园,以及距城十八里的单家庄等。当时的园主有达官贵人、富商地主,也有文人士大夫以及普通的齐民布衣。

从数量众多、类型较全、分布面广、园主身份多样等方面,可见明清亳州私家园林的鼎盛。究其原因,大致有以下两点:其一,明清时期亳州地处淮豫交壤,南北通衢,地理位置显要,加之涡河运输便利,商业较为发达,"江淮之舟,始由涡达汴,商贾辐轴鳞集,积岁成业。自城西北、关及义门沿河一带,楼舍攒拱联络,动计百家,入境望之,弘敞巨丽殊绝"。② 随着商业的发展,城市经济繁荣,如(乾隆三十九年)《亳州志·风俗》卷十云:"北关以外,列肆而居,每一街为一物,真有货别队分气象。关东、西,山左、右,江南、北,百货汇于斯,分亦于斯。"经济的发达为造园提供了物质基础。其二,当时一些科举为仕者,由于息

---

① (清)郑交泰修:(乾隆三十九年)《亳州志》卷三,清乾隆三十九年(1774)刻本。
② (明)李先芳修:(嘉靖)《亳州志》卷一,明嘉靖四十三年(1564)刻本。

意仕进解官还乡,多置田筑园以自娱。如明代薛蕙,正德九年(1514)进士,曾任刑部主事、吏部历考功郎中等职,后还亳"遂筑圃城南,读书谈道以自娱,慕涑水之风,因名独乐,有友讽之改称常乐"。① 还有夏之臣、薛凤翔、王寰洽、孙轶凡等一批文人,寄兴花木泉石,营园自适。同时,一些地主富贾也纷纷效仿,筑园游乐。可见这些人文条件,也是促进明清亳州私家园林兴盛的重要因素。

二、私家园林的地域特色

明清亳州私家园林在某些方面,既有别于以扬州、苏州为代表的江南园林,也不同于以北京为代表的北方园林,具有明显的地方风格。从造园用材看,南方私家园林多以石为景,尤其是江南园林"石的用量很大,大型假山石多于土,小型假山几乎全部叠石而成"。② 当地取材便利,如南京、昆山、杭州等地多产黄石,苏州的湖石在色彩、纹理和形态诸方面,都非常适宜于堆山取景,可谓造园石料中的上品;北方私家园林的"叠山用石以当地所产的青石和北太湖石为主"。③由于亳州地处平原地带,本地基本不产石料,造园取石不便,故明清亳州私家园林中用石较少。文献记载的28处私家园林中,除用石点缀园区的常乐园、西园、南里园外,很难再找到有以石取景的记述。但明清亳州私家园林比较重视当地植物的造园作用,有的"缉荔为墙、编松作栋,妙极天然,幽秀之致。有松亭、槐亭如笠、如盖,可以夏不漏日,冬不渗雪";④有的"四匝种竹,中分门径,结柔花

---

① (清)郑交泰修:(乾隆三十九年)《亳州志》卷三,清乾隆三十九年(1774)刻本。
② 周维权:《中国古典园林史》,北京:清华大学出版社,1999年,第259页。
③ 周维权:《中国古典园林史》,北京:清华大学出版社,1999年,第259页。
④ (清)郑交泰修:(乾隆三十九年)《亳州志》卷三,清乾隆三十九年(1774)刻本。

为屏障,绿以双廊如复道,屈曲沟通,令游人低回自适";①还有的"就地杂树松杉,旁及花药",②树木花卉与园林巧妙地融为一体,浑然天成。

从园中植物看,南方地区,气候温和、雨水相对充足,适宜植物生长,且品种丰富,故江南"园林中的植物也很讲究不同树种与花卉的配置,以求得四季常青和色彩上的变化"。③而北方气温相对较低,冬季严寒,故北方园林中的"植物栽培受气候的影响,冬天叶落,水面结冰,很有萧索寒林之感"。④明清亳州私家园林中的植物,既无江南园林的四季如春,也无北方园林的萧索寒林之感,园中树木多为棠树、松树、银杏、槐树、柳树等,竹子也较多,水中植物多为荷花,可见园中植物既有高可摩霄,也有灌木交荫;既有四季常青,也有秋冬落叶。明清亳州私家园林中的植物更具地域特色的是,广植当地花卉牡丹、芍药等,如位于城西的庚园"迄北牡丹深处有环芳亭,绮锦模糊、万红刺目",⑤李典客的凉暑园"牡丹、芍药各以区别,入园纵目如涉花海,茫无涯际"。⑥明清亳州私家园林中的牡丹,不仅显现出园林的地域特色,也对当时园林的发展产生了重要影响,本书将专门讨论,这里不再赘述。

从园林的建筑格调看,江南园林建筑相对开放,一般在墙上设有形状各异的窗,既美观又通透,使得"江南园林建筑的个体形象玲珑轻盈,具有一种柔媚的气质";⑦而"北方气候寒冷,建筑形式比较封闭、厚重,园林建筑亦别具一种刚健的美"。明

---

① 薛凤翔:《亳州牡丹史》,济南:齐鲁书社,1995年,第424页。
② (清)郑交泰修:(乾隆三十九年)《亳州志》卷三,清乾隆三十九年(1774)刻本。
③ 楼庆西:《中国古建筑二十讲》,北京:生活·读书·新知三联书店,2004年,第190页。
④ 周维权:《中国古典园林史》,北京:清华大学出版社,1999年,第259页。
⑤ 薛凤翔:《亳州牡丹史》,济南:齐鲁书社,1995年,第423页。
⑥ 薛凤翔:《亳州牡丹史》,济南:齐鲁书社,1995年,第423页。
⑦ 周维权:《中国古典园林史》,北京:清华大学出版社,1999年,第259页。

清亳州私家园林在建筑格调上,既不追求江南园林的"柔媚",也不崇尚北方园林的"刚健",而是显示出质朴的一面,正如计成在《园冶》中所云:"凡结林园,无分村郭,地偏为胜,开林择剪蓬蒿,景到随机,在涧共修兰芷。"①如薛蕙的常乐园"石后茅屋数椽,不事雕饰,颜曰大宁斋",②李典客的凉暑园"中拘亭榭,间以茅屋,竹树蓊蔚,称佳境矣"。③再如王仁子的懒园"即其先垅旁诛茅小拘花木,亭馆具体而微,中架翠柏为长廊,复道清幽亦小有致"。④这种不尚雕饰、追求自然的筑园格调,与当时园主所持的清净闲适的隐逸生活态度有一定联系,正如薛蕙在《莹心亭》中所云:"莹心亭上逍遥客,照眼池中烂熳花。"⑤

三、园林与亳州牡丹的关系

明清亳州私家园林的兴建,使得亳州牡丹在种植规模、品种数量等方面,均有较大发展。明代亳州私家园林中,薛蕙的常乐园时间早、名声大。薛蕙,字君采,后息意仕进,还亳筑园城南,"晚年潜心性命,检藏注经,为诗书乐地。亳之有牡丹自兹园始"。⑥由于园中牡丹繁盛,加之薛蕙在文坛的影响,常乐园声名远播,"故京洛旧游、当州大吏每多造访,唱和流连,一花一石无不行诸歌咏,常乐园之盛传于淮北。"⑦在薛蕙的影响下,当时一些文人士大夫也对营园自适产生了兴趣,并在园中广植牡丹,如松竹园的主人"王别驾谦夫,博雅君子也。早年从考功

---

① (明)计成著,陈植注释:《园冶注释》,北京:中国建筑工业出版社,1988年,第51页。
② 薛凤翔:《亳州牡丹史》,济南:齐鲁书社,1995年,第421页。
③ 薛凤翔:《亳州牡丹史》,济南:齐鲁书社,1995年,第423页。
④ 薛凤翔:《亳州牡丹史》,济南:齐鲁书社,1995年,第424页。
⑤ (清)郑交泰修:(乾隆三十九年)《亳州志》卷十二,清乾隆三十九年(1774)刻本。
⑥ 薛凤翔:《亳州牡丹史》,济南:齐鲁书社,1995年,第421页。
⑦ (清)郑交泰修:(乾隆三十九年)《亳州志》卷三,清乾隆三十九年(1774)刻本。

游,因创园,去长乐不数武。有茂林修竹之胜,茅斋数间错置幽旷处。深嗜牡丹,凡竹间隙地皆种之,因爱佛头青,所种极多"。① 又如夏之臣"慕考功为人,遂筑园于常乐之右……时牡丹与凉暑园争盛"。② 故明清时期,当地私家园林中的牡丹逐渐繁盛,如薛凤翔的清华园"过此则浴霞楼,楼下环植牡丹如千本,凭轩俯视恍如初日,荡潮而繁星浴霞也"。③ 如清代跂鹤园"牡丹极盛,连畦覆垅,黄紫争妍"。④ 及渡口李氏园"花木松竹一望蓊翳,牡丹极盛……千红万紫,环绕于畦垅之间"。并且精品较多,如东园"牡丹虽不数亩,而多名种"。⑤ 又如乐园"牡丹数亩,最多精品"。⑥ 据《曹县志》记载,牡丹"初盛于洛(阳),再盛于亳州"。⑦ 笔者认为在这个转变过程中,当地的私家园林则起到关键性作用,我们可以在(乾隆三十九年)《亳州志·艺文》中所收录的徐乾学《支园牡丹歌》中得到佐证,"支公好鹤更耽奇,古寺桐宫对别圃,前庭沙棠后乌桦,洛阳名花不知数"。

明清时期亳州牡丹的繁盛,也促进了当地私家园林的发展。明代亳州以牡丹相尚,"计一岁中,鲜不以花为事者",⑧牡丹花期时,"可赏之处,即交无半面,亦肩摩出入。虽负担之夫,村野之氓,辄务来观。入暮携花以归,无论醒醉。歌管填咽,几匝一月,何其盛也"。⑨ 正是对牡丹的这种挚爱,更多的人筑园种植,甚至从中获利,如韩家园"周以女桑柳根结篱种牡丹其

---

① 薛凤翔:《亳州牡丹史》,济南:齐鲁书社,1995年,第422页。
② 薛凤翔:《亳州牡丹史》,济南:齐鲁书社,1995年,第423页。
③ 薛凤翔:《亳州牡丹史》,济南:齐鲁书社,1995年,第422页。
④ (清)郑交泰修:(乾隆三十九年)《亳州志》卷三,清乾隆三十九年(1774)刻本。
⑤ 薛凤翔:《亳州牡丹史》,济南:齐鲁书社,1995年,第422页。
⑥ 薛凤翔:《亳州牡丹史》,济南:齐鲁书社,1995年,第423页。
⑦ 史州:《安徽史志综述》,合肥:安徽教育出版社,2002年,第455页。
⑧ 薛凤翔:《亳州牡丹史》,济南:齐鲁书社,1995年,第425页。
⑨ 薛凤翔:《亳州牡丹史》,济南:齐鲁书社,1995年,第425页。

中,接花从韩氏方盛,取利亦从韩始"。① 再如单家庄"凡远近市奇花者必先单氏焉",从而可以"以余力种牡丹益获利"。② 在当时人眼里,牡丹只有营园种植,才能与此相称,如《亳州牡丹史·邓汝舟序》所云:"凡花可盆、可盎、可蓬篱、可土墉,随贮随宜,韵致俱胜。牡丹独不尔,盆之、盎之则袭,置于蓬篱土墉则陋。故惟芳园胜地,玉砌雕栏;临以画阁琼楼、瑶台碧树;映以珠帘锦箔,绣户云廊;幄以绮幕罗纬,华棚彩障,始是壮此花之大观,畅此花之神色。"乾隆年间,亳州牡丹依然繁盛,为世人所崇尚。如(乾隆三十九年)《亳州志·物产》卷十记载:"今亳之种类较为繁盛,矜奇斗捷,甚应四方之求以牟利,盖不啻十斛珍珠矣。"由于战乱、自然灾害、园主变故等原因,到光绪年间,亳州私家园林荒废殆尽,亳州牡丹之盛被曹州所取代。故明清时期,亳州私家园林与亳州牡丹的关系,可谓是牡丹因园而盛,园因牡丹而兴。

由于种种原因,亳州私家园林没有很好地保存下来,但是薛凤翔的《亳州牡丹史》及亳州旧志,对园林的主人、位置及特色,大都有详细的记载。研究明清亳州私家园林,既丰富了人们对亳州历史文化的认识,又为当地旅游资源的开发提供参考。

第四节　明清亳州历史文化遗迹

亳州古城依涡水而建,自古有商汤"都城",曹魏"陪都"之称,历史悠久,文化深厚,平衍浩瀚之气久钟于是,历来为世人称道,"若道德之称犹龙,文章之属铜雀,孝烈竟有无双,希夷遂其高隐。自宋而明,而迄于我朝,代有闻人"。③ 亳州城池地处

---

① 薛凤翔:《亳州牡丹史》,济南:齐鲁书社,1995年,第425页。
② 薛凤翔:《亳州牡丹史》,济南:齐鲁书社,1995年,第425页。
③ (清)钟泰、宗能徵修:(光绪)《亳州志·宗能徵序》,清光绪二十年(1894)活字本。

中州门户,地关衢要,历来为兵家争夺之地,往往有事江淮,大多顿舍于此。明清时期,依托涡水航运之利,亳州城市商业逐渐走向繁荣与活跃,百货辇来于雍梁,千樯转输于淮泗,"豪商富贾,比屋而居,高舸大艑,连樯而集"。① 有淮西都会之称,亳州城内商贾云集,会馆林立,商业呈现一派繁华景象。几度成为区域政治、经济、文化中心的亳州城,文化积淀深厚,历史遗迹众多。依据亳州旧志,深入探讨明清时期亳州城市历史文化遗产的保护与利用情况,不仅有利于掌握当地文化遗迹的兴衰演变规律,对这些珍贵文化遗产的进一步保护与开发也具有重要的参考价值。

一、历史文化遗迹概况

据亳州旧志记载,明清时期亳州城市中所保存历史文化遗迹,具有鲜明的地方特色,不仅品类齐全,内涵丰富,"从古建筑、古石刻到古墓葬、古遗址,各类文物一应俱全,琳琅满目,蔚为大观",②而且历史悠久,规模宏大,分布广泛。

1. 类型丰富

寺庙宫庵。寺庙是许多古代城市建筑的重要组成部分,明清时期亳州城内的主要古寺,有咸平寺,"为谯城第一精蓝"。③还有著名的清真古寺北京寺和南京寺,"明、清多次重修"。④ 此外还有崇兴寺、南海寺、圆觉寺三座古寺。明清时期亳州城市所存古庙,有魏武帝庙、魏文帝庙、城隍庙、火神庙、华祖庙等,约有十五处。亳州城池依涡河而建,而"在涡河流域有着浓厚

---

① (清)钮琇著,南炳文、傅贵久点校:《觚賸》,上海:上海古籍出版社,1986年,第89页。
② 汪东恒编:《亳州四名》,合肥:安徽人民出版社,2005年,第141页。
③ (清)钟泰、宗能徵修:(光绪)《亳州志》卷四,清光绪二十年(1894)活字本。
④ 《安徽旅游大辞典》编委会编著:《安徽旅游大辞典》,合肥:安徽文艺出版社,2008年,第898页。

的道家文化氛围"。① 城中保存了一些道家古宫,如寥阳万寿宫、玉清万寿宫、道德中宫等。城市中的古庵,主要有白衣庵、慈云庵、洪济庵等,约有七处。

台坛楼阁。明清时期亳州城市中的古台遗址,主要有八角台、东观稼台、观稼台,相传为"魏武所筑"。② 而位于城西北二里的明王台,"相传韩林儿即位处"。③ 明清时期亳州城周围的古代祭坛,主要有位于州城东门外的先农坛,"台高五尺,纵横各二丈五尺。砖甓四周,纳陛四出,各三级。正门有坊,周垣缭之"。④ 此外还有社稷坛、神祇坛、州厉坛等古代祭坛。明清时期所保存的古代楼阁,主要有谯望楼、朝真回跸楼以及六经阁、奎星阁等。

祠堂坊表。亳州自古蕴才积盛,贤哲代出,后人为纪念他们的文治武功,在亳州建了许多祠堂,加以祭祀。明清时期亳州城市中所保存的历代名人祠堂,有明确祭祀对象的主要有汤陵祠、木兰祠、希夷先生陈公祠、薛公祠、朱公祠、名宦祠、乡贤祠等,共计17处之多。据文献记载,明清时期亳州城称为堂的古代历史遗迹,主要有大飨堂、观音堂和澄碧堂。而古代牌坊较多,主要有道德坊、育才坊、孝行坊、烈女坊、乐善好施坊等,约四十余处。

园林墓葬。明清时期,亳州城市商业较为繁盛,加之文人雅士的推崇,亳州城郊修建了许多私家园林。比较著名的有薛蕙的常乐园,园中广植牡丹,"亳之有牡丹自兹园始"。⑤ 此外还

---

① 王正明、魏宏灿、张立驰编著:《亳文化概论》,合肥:合肥工业大学出版社,2012年,第38页。
② (清)钟泰、宗能徵修:(光绪)《亳州志》卷二,清光绪二十年(1894)活字本。
③ (清)钟泰、宗能徵修:(光绪)《亳州志》卷二,清光绪二十年(1894)活字本。
④ (清)钟泰、宗能徵修:(光绪)《亳州志》卷四,清光绪二十年(1894)活字本。
⑤ 薛凤翔:《亳州牡丹史》,济南:齐鲁书社,1995年,第421页。

有南里园、懒园、且适园等。清代所建有清课园、跂鹤园、舒啸园等,约有11处。明清时期,亳州城市所存留的历代名人墓葬,主要有汤陵、曹嵩冢、许褚墓、薛蕙墓、梁巘墓等,多达20余处。

书院故宅。"地方城市中,凡省、府州、县衙门所在的城市,都有省、府州、县学,也形成各自的文化区"。① 明清时期作为州治所在地的亳州城,在州学周围也形成自己的文化区,如位于城内东南隅的柳湖书院,据亳州旧志记载,该书院本为州绅刘恩沛旧业,后捐资建为学舍。除柳湖书院外,还有位于城内东北隅的培英书院。而所存历代名人故宅,主要有魏武帝故宅和张柔故宅等。

2. 分布较广

据文献记载,明清时期亳州城内留存了许多历史文化遗产。明确记载位于东北隅的主要有三皇庙、城隍庙、华祖庙、玉清万寿宫、道德中宫等民间信仰祭拜之处,此外还有培英书院、承宣坊、抚字坊以及州署等建筑;位于城内东南隅的主要有三义庙和柳湖书院,其中柳湖书院之所以选址于此,任寿世在《柳湖书院重建碑记》中认为,此地"傍城而远市,汇水而成湖。沿湖莳柳,境静而景幽";② 位于城内西南隅的主要有以学宫为中心的教育建筑,"今亳州学宫在城内西南隅,中为大成殿……殿东北隅为崇圣祠,殿后为明伦堂,东角门外为青云路、奎星楼、文昌宫,宫后为节孝祠"。③ 此外,还有寥阳万寿宫、广嗣庵、望仙伏龙桥等文化遗迹;而位于西北隅的主要有成汤肇域坊和咸

---

① 马正林编著:《中国城市历史地理》,济南:山东教育出版社,1998年,第111页。
② (清)钟泰、宗能徵修:(光绪)《亳州志》卷七,清光绪二十年(1894)活字本。
③ (清)钟泰、宗能徵修:(光绪)《亳州志》卷七,清光绪二十年(1894)活字本。

平寺等建筑。

明清时期亳州城郊也保存了许多历代文化遗址。东北方向的主要有东观稼台、汤陵、汤陵祠、夏侯湛墓等文化遗址；位于州城以东的有薛公祠、木兰祠、先农坛、魏武帝庙、魏文帝庙、大飨堂和白衣庵等古代遗址；在东南方向则有八角台、李叔子园，以及"在城外东南隅城下"①的忠壮公何燮墓等文化遗址；位于州城以南的历史文化遗址，除在南门外三里的刘猛将军庙外，主要是私家园林和名人墓葬，园林有常乐园、净华园、南里园等，墓葬有曹嵩冢、曹褒冢、许褚墓、薛蕙墓等；在州城以西的主要有崇兴寺、社稷坛、神祇坛、李公祠、朝真回跸楼、庚园等；西北方向的有西观稼台、明王台、州厉坛等处；而州城以北的历史文化遗址相对较多，且类型丰富，如乐园、圆觉寺、许真君庙、祖师庙、禹王宫、慈云庵、洪济庵、希夷先生陈公祠、何公祠、张定墓等。

二、历史文化遗迹保护

由于时间跨度过长，或自然环境恶化，或人为破坏等因素影响，明清时期亳州城市中所遗留下来的许多历史文化遗迹，出现不同程度的损毁。针对以上问题，当时的主政者大多采取或修复、或扩建、或改建等方式进行保护。

1. 对原有遗址进行修复

明清时期的亳州城市中遗留下的许多文化遗迹，如出现衰败、损坏时，当时的主政者大都进行修复。如位于城内东北隅的城隍庙，据(光绪)《亳州志》卷四记载，该庙自明朝洪武五年(1372)修建始起，分别于景泰三年(1452)、成化二十二年(1486)、弘治十六年(1504)、弘治十八年(1505)，先后四次修

---

① (清)钟泰、宗能徵修:(光绪)《亳州志》卷二,清光绪二十年(1894)活字本。

复。而清代从康熙十六年(1677)至光绪二十年(1894),在二百余年的时间内,先后五次修复。又如位于城门外西顺城街的井龙王庙,具体建造年代不详。据亳州旧志记载,清代"康熙三十六年绅士修,乾隆二十五年州同杜苇修,嘉庆十七年知州李尧文修。"①嘉庆十八年(1813),由于黄水泛滥,墙垣倾圮,殃及该庙,道光五年(1826),知府任寿世重修,咸丰年间毁于战乱,光绪年间又进行了重建。在北门内大街之西的咸平寺,自明代洪武二十八年(1395)重建起,明清两朝先后多次重修,孙维龙的《咸平寺碑记》则记载了乾隆三十四年(1769)对该寺重修情况:"越一岁,而始告成焉。寺前三门,门三涂,殿崇九楹,阶五级,于佛阁峙。"②据学者考证,"亳州学宫始建于宋庆历年间",明清时期对亳州学宫多次修建,如张肇扬的《重修学宫记》则记载了乾隆三十一年(1766)亳州学宫的修建结果,"而亳之学校自殿庑、堂阶以及斋舍,遂焕然一新矣"。③从亳州旧志的记载可以看出,亳州城市中的火神庙、刘猛将军庙、华祖庙、汤陵祠等许多古代文化遗址,在明清时期都曾有过多次修复,这对历代文化遗产起到很好的保护作用。

2. 在旧遗址基础上扩建

明清时期,为满足现实需要,亳州城市中的一些历史文化遗迹往往被扩建。据(光绪)《亳州志》记载,文昌宫于道光三年(1823)知州任寿世重建时,"以殿宇湫隘,就旧基扩而大之。建正殿三楹,后殿楼三楹,东西厢房各二间,大门三间,计长十三

---

① (清)钟泰、宗能徵修:(光绪)《亳州志》卷四,清光绪二十年(1894)活字本。
② (清)钟泰、宗能徵修:(光绪)《亳州志》卷四,清光绪二十年(1894)活字本。
③ (清)钟泰、宗能徵修:(光绪)《亳州志》卷七,清光绪二十年(1894)活字本。

丈有奇,广四丈有奇"。① 又如明清时期位于亳州城东南的李叔子园,据亳州旧志记载,该处"旧有高氏废园,故址小隘。李叔子仁卿得而拓之",②经过扩建之后,该园由于林木茂密,杂英缤纷,环境优雅,大有佳致。由于学校是成德达才之所,历来被重视。明清时期,亳州历任主政者也大都重视学宫建设,据亳州旧志记载,从明代洪武三年(1370),知州张文弼因故基重建始,就不断进行扩建。宣德十年(1435),"知县陈温、武平卫指挥周广增修,塑十二哲像";③天顺六年(1462),"知县邓昱建大成殿五间";弘治十四年(1501),"知州王沂因县改州,恢拓其制,增设二斋仓库",等等。清代亳州学宫也几经扩建,如康熙五十八年(1719),知州苏灏重修时,"又于戟门东添建三楹,令有事庙中者于此屏息肃仪焉"。④ 另据马逸姿的《重修文庙碑记》记载,由于当时宫墙欲危,行将崩颓,故在原"庙之东,另辟新衢,俾步趋进退者,咸循矩度而不失其仪。复增构数楹,令食仪有所,礼器有储,斋宿有地,比旧制更为改观"。⑤

3.选择新址移建或改建

由于原址或规制狭隘,或位偏幽僻等原因,明清时期亳州城市中的一些历史文化遗址,有的被移建,有的被改作他用。如亳州文昌宫,旧址在城内东北隅学宫殿后,"万历中知州马呈

---

① (清)钟泰、宗能徵修:(光绪)《亳州志》卷四,清光绪二十年(1894)活字本。
② (清)钟泰、宗能徵修:(光绪)《亳州志》卷二,清光绪二十年(1894)活字本。
③ (清)钟泰、宗能徵修:(光绪)《亳州志》卷七,清光绪二十年(1894)活字本。
④ (清)钟泰、宗能徵修:(光绪)《亳州志》卷七,清光绪二十年(1894)活字本。
⑤ (清)钟泰、宗能徵修:(光绪)《亳州志》卷七,清光绪二十年(1894)活字本。

鼎移建于东南隅,即今节孝祠处"。① 至于移建的原因,后人有不同的观点,沈鲤在《重修亳州儒学记》中认为原址狭隘,"移置东南隅,宣朗入望"。② 而任寿世在《重修文昌宫碑记》中则认为原址不仅卑隘幽僻,更重要的原因是"乃移建于青云路东,以补震方之缺"。③ 又如亳州学宫,最初位于城内东北隅,明代正德十六年(1521),"生员叚九畴等以旧制狭隘,且迫近州治,请移建于西南隅军储仓旧址"。④ 由于新学宫利用故宅而建,加之官府重视,故建设较为顺利,薛蕙在《移建亳州学记》中记载:"乃即役焉,踰年而新。"据文献记载,马神庙、木兰祠、井龙王庙等历史文化遗址,明清时期也都进行过移建。明清时期,亳州城市中的部分历史文化遗迹也有被改建的记载,如道德中宫,于道光十六年(1836),知州龚裕捐修时,就"改龙厅为拜殿";⑤ 明伦堂因亳州改为直隶州,雍正十一年(1733),"即地建为学院考棚";⑥ 在天棚街的禹王宫,改为"楚商会馆";⑦ 在火神庙街的金龙四大天王庙,乾隆五十八年(1793),被"宁国、池州二府客民修为会馆"。⑧ 此外,大关帝庙、三皇庙等历史文化遗址,在明清

---

① (清)钟泰、宗能徵修:(光绪)《亳州志》卷四,清光绪二十年(1894)活字本。
② (清)钟泰、宗能徵修:(光绪)《亳州志》卷七,清光绪二十年(1894)活字本。
③ (清)钟泰、宗能徵修:(光绪)《亳州志》卷四,清光绪二十年(1894)活字本。
④ (清)钟泰、宗能徵修:(光绪)《亳州志》卷七,清光绪二十年(1894)活字本。
⑤ (清)钟泰、宗能徵修:(光绪)《亳州志》卷四,清光绪二十年(1894)活字本。
⑥ (清)钟泰、宗能徵修:(光绪)《亳州志》卷七,清光绪二十年(1894)活字本。
⑦ (清)钟泰、宗能徵修:(光绪)《亳州志》卷四,清光绪二十年(1894)活字本。
⑧ (清)钟泰、宗能徵修:(光绪)《亳州志》卷四,清光绪二十年(1894)活字本。

时期也大都被药商修为会馆。

三、历史文化遗迹利用

由于亳州城市中的文化遗产类型繁复,从文献记载来看,明清时期,根据这些历史文化遗产功能、位置的不同,对其利用方式也有区别。

1."兴行教化"

国家造士,隆于国学,州邑铸材,盛于学宫。据旧志记载,明清时期亳州城内历史遗留的教育建筑遗址被多次修复,因为它不仅有正学养材之利,还有兴行教化之用。如马逸姿在《重修文庙碑记》中所言,"兴行教化,端自学宫始。"①张肇扬在《重修学宫记》中云:"余因念学校为教化所由隆,人才所自出。士列名黉宫,皆当由圣贤之言,体圣贤之心,以求为圣贤之徒。"②而不是沾沾于文艺之末,博一时之声华名利。德国著名学者阿尔弗雷德·申茨认为,在供奉历代名宦、节妇等庙祠进行祭祀时,"知县必须主持献祭仪式以鼓励民众遵循这些榜样。其中一个最为重要的教育原则是'通过仪典和仪式进行教育'。"③明清时期,亳州城市中存留的许多历代寺庙、宫祠等文化遗迹,如华祖庙、名宦祠、节孝祠,等等,当时主政者大都以此为载体,通过典礼仪式实施对民众的教化。如万夔在《修三烈女祠碑记》中所言:"此三妇者,相去千有余载,全节守义,以终妇道,其心一也,同有功于世教者。祀典缺焉,何以示劝于是邑人?"④而支

---

① (清)钟泰、宗能徵修:(光绪)《亳州志》卷七,清光绪二十年(1894)活字本。
② (清)钟泰、宗能徵修:(光绪)《亳州志》卷七,清光绪二十年(1894)活字本。
③ [德]阿尔弗雷德·申茨著,梅青译:《幻方——中国古代的城市》,北京:中国建筑工业出版社,2008年,第430页。
④ (清)钟泰、宗能徵修:(光绪)《亳州志》卷四,清光绪二十年(1894)活字本。

魁璧在《重修明伦堂碑记》中所云更为直白："届朔望之期,我公俨然临于其上,布惠恺行,典礼事无不可为,为无不可成。风流令行,而民之观感而兴起者,其家之子弟,长先幼后,咸知尊奉其羸老。观于其里,强不敢凌弱,众不敢暴寡,循循乎敦长厚而聪嚣凌。"①

2."讲求吏治"

牧民之官,讲求吏治,兴建百为,革正风俗,大都首重文教。因为学校关乎吏治,如《重修亳州儒学记》所云:"资政在教学也者,教之地也。教弗立,其何以振俗兴理"。② 以修身而用之家国,学校之教,其来尚矣,天下古今,盖不殊辙,故又言:"风俗治化,恒必因之。学之所系,不亦重哉?"沈鲤在《重修亳州儒学记》中认为,亳州学宫之所以修之不已,是因为有讲求政教之用,凡"抑有进于此者,使君修其政教,愿终惠亳"。③ 又如支魁璧在《重修明伦堂碑记》中认为,亳州明伦堂何为而重修哉,是因为它不仅关乎一郡人才之盛衰,也关乎一郡民生之利害,水旱疠疫之理,差徭赋役之行,同议于一堂之上,徐布诸闾阎之间,上以之宣化,下以之承流,故云:"斯堂之有益于民生也,修之岂容一日缓乎哉?"④明清时期,亳州主政之官还对其他城市历史文化遗迹进行修复,以求致治之用。如汤陵的修建,李丕显在《亳州汤陵碑记》中认为,帝王之治,虽为邈远,遗感犹存,故云:"愿斯陵之修举,关政理之得失。斯庸可以弗葺乎哉?"⑤

---

① （清）钟泰、宗能徵修:（光绪）《亳州志》卷七,清光绪二十年(1894)活字本。
② （清）钟泰、宗能徵修:（光绪）《亳州志》卷七,清光绪二十年(1894)活字本。
③ （清）钟泰、宗能徵修:（光绪）《亳州志》卷七,清光绪二十年(1894)活字本。
④ （清）钟泰、宗能徵修:（光绪）《亳州志》卷七,清光绪二十年(1894)活字本。
⑤ （清）钟泰、宗能徵修:（光绪）《亳州志》卷二,清光绪二十年(1894)活字本。

孙得伟在《重修三烈女祠并附祭待旌节孝碑记》中认为，守土之官，请挥彩毫，用宣懿美，原因是"肃礼明禋，义均乎治化"。① 此外，据亳州旧志记载，明清时期有的历史文化遗迹，直接被改为官府机构，如寥阳万寿宫改为军储仓，玉清万寿宫明代改为察院，等等。

3．"以供游憩"

明清时期，众多的亳州城市历史文化遗址中，有些地处偏僻，幽旷岑寂，风景秀丽，实为佳境，常被当作游览胜地。如亳州崇兴寺，方鸣在《崇兴寺碑记》中记述，在其儿童时期是地就为嬉游胜地，"余童子时，尝嬉游其地，爱其土泽泉甘，山深树古。时虽不能凭高而赋，然已低徊久之"。② 并言成年后，虽无登临之志，但是对西台之胜，情有独钟，就是行将老矣，也愿筑室其左，听明月之钟声，解灯前之梵语。郑交泰在《崇兴寺碑记》中则言，由于该寺百年以来，渐就荒落；梁楣赤白，移剥不治；金容黯黬，漫漶尘埃，惜其殿宇垣墉，日就倾圮，同谋鼎新，目的是"而从侣参证之地，亦新其榱栋窗棂，以供游憩"。③ 又如位于城西隅的庚园，原为前代故宅，李培卿买而为园，读书之暇，经营位置，日涉成趣，"当暑披襟，凉飔飒然，可以恩夏。是园为城西佳境"。④ 据亳州旧志记载，明清时期，亳州城市中的一些宫庙，被改为会馆，并在其内建有戏楼，以供休憩娱乐之用，如山陕会馆、江宁会馆等，由于篇幅有限，不再一一赘述。

亳州虽为一隅之地，但自古蕴才积盛，先贤名哲辈出，他们

---

① （清）钟泰、宗能徵修：（光绪）《亳州志》卷四，清光绪二十年（1894）活字本。
② （清）钟泰、宗能徵修：（光绪）《亳州志》卷四，清光绪二十年（1894）活字本。
③ （清）钟泰、宗能徵修：（光绪）《亳州志》卷四，清光绪二十年（1894）活字本。
④ （清）钟泰、宗能徵修：（光绪）《亳州志》卷二，清光绪二十年（1894）活字本。

在当地的活动,给亳州城市留下众多珍贵的历史文化遗产。而明清时期,亳州城市依托涡河之利,商业较为发达,是亳州城市发展史上的重要阶段,深入研究这一时期城市文化遗产的保护与利用情况,具有重要的现实意义。

第四章　亳州旧志中的地方文化

第一节　亳州碑刻文化

据文献记载,亳州历史上曾先后十一次编纂旧志,目前存世的七种《亳州志》中,从(顺治)《亳州志》,一直到(光绪)《亳州志》,编修者均重视"艺文"一门,因为"艺文者,人文也。上有天文,下有地文,中有人文,三才备而大化成,万古于焉昭矣"。① 而在"艺文志"碑记、墓碑等细目中收录了许多有关亳州历史的碑刻文献,尤其是(乾隆三十九年)《亳州志》卷十二"艺文"中,详细记载了元代张起岩的《天静宫碑记》、唐顺之的《薛考功墓铭》等三十多篇碑刻文献,是研究地方文化的珍贵资料。

一、碑刻文献概况

亳州地处皖北,素有"南北通衢,中州锁钥"之称,地势显要,历来是兵家必争之地,因此有些纸质文献很难保存下来,从而导致后人在了解当时社会发展状况时,往往会遇到文献匮乏的难题,正如郑交泰、王云万等在(乾隆三十九年)《亳州志》卷

---

① (清)刘泽溥修:(顺治)《亳州志》卷四,清顺治十三年(1656)刻本。

十二"艺文"中所云:"亳虽代有作者,而屡经兵燹,存者甚寡,吉光片羽,少亦足珍。"所幸的是一些文章,则以碑刻文献的形式得以保存下来。

在(顺治)《亳州志》卷四"艺文"中,所收录的碑刻文献有《涡水发源记》《延祐元年知州姜大亨立加封碑》《谦记》《魏大飨碑》,以及薛蕙的《学记》、颜木的《六经阁记》、学正曹时晦的《东岳庙》、周釜的《玄帝庙记》、礼部尚书孙升的《汤陵碑记》、御史李丕显的《汤陵碑记》、郡举人贾三策的《惠政祠吴公记》、户部郎方弘静的《惠政祠张公记》、中丞王廷的《薛考功祠书记》《薛考功祠文记》、唐顺之的《薛考功墓碑》,共计15篇,其中标明确切作者的有11篇。

从(乾隆三十九年)《亳州志》卷十二"艺文·碑记"可知,是志大致按照教育、古迹、人物、河渠的先后顺序,分别著录各个时期的碑刻文献,对所著录的文献,大都标明时间和作者。该志著录明代以前的碑刻文献有《延祐元年追封文庙碑》、□谦的《至元三年修文庙记》,收录三国曹魏时期曹植的《大飨碑》,唐代陈章甫的《亳州纠曹厅壁记》,宋代穆修的《魏武帝帐殿记》,元代杜禧的《寥阳万寿宫碑铭》、张超岩的《天静宫碑记》《伯颜祠碑记》、张瑾的《谯县创建魏廨记》共4篇文献,著录明代的则有(嘉靖)薛蕙的《移建亳州学记》、颜木的《六经阁记》、(万历)沈鲤的《重修亳州儒学记》、孙升的《汤陵碑记》、万燮的《烈女庙碑记》、李来泰的《沈抚军平寇安亳记》、王鏊的《亳州兴造记》、贾三策的《吴郡守惠政祠碑记》、方宏(弘)静的《张公惠政祠碑记》、(康熙)马逸姿的《重修文庙碑记》共10篇碑文,收录清代的有(康熙)支魁璧的《重修明伦堂碑记》、(乾隆)张肇扬的《重修学宫记》、王鸣的《赠太仆寺少卿前郡守何忠壮公祠碑记》、邓栻的《苏公留葬亳州公祀碑文》、卢见曾的《龙凤沟碑记》、高晋的《修□亳州河渠碑记》、华度的《柳湖书院记》、郑交泰的《书院义田记》、张肇扬的《广善局碑记》、孙维龙的《重修咸平寺碑记》

《宪禁海濠碑》、王鸣的《重修永清桥碑记》、刘科的《重修永清桥碑记》、王鸣的《重修洪河桥碑记》、屠应麟的《重修白衣庵碑记》、郑交泰的《重修西台崇兴寺碑记》共16篇;此外,是志在卷十二"艺文·墓碑"中又收录了欧阳修的《卫尉祁公神道碑铭》、唐顺之的《薛考功墓铭》、文徵明的《薛考功墓碑》、王寰洽的《明处士明洞配节妇芮孺人合葬墓志铭》、张鼐的《王仁子墓表》、沈德潜的《封修职郎乡贡进士张讷庵墓表》、朱筠的《清故亳州贞烈张偶姐墓碑》共7篇碑文。

由于(道光)《亳州志》在纂修过程中,把一些碑刻文献分别附在相关条目中,故是志卷三十六"艺文·碑记"中,著录的碑刻文献仅有唐代陈章甫的《亳州纠曹厅壁记》、明代王鏊的《亳州兴造记》,以及清代李来泰的《沈抚军平寇安亳记》、高搏九的《九日谦谯楼记》、张廷玉的《来鹤亭记》、刘立诚的《孝子梁永修庐墓记》、张步衢的《董孝子庐墓记》共计7篇碑文。

(光绪)《亳州志》仿(道光)《亳州志》之例,碑刻文献散记于其他类目中,在是志卷十六"艺文志·金石"中,大都著录碑刻文献之名,略其内容,如著录有《议郎元宝碑》《汉故幽州刺史朱君之碑》《汉故中常侍长乐太仆特进费亭侯曹君之碑》《汉故颍川太守曹君碑》《汉故长水校尉曹君之碑》《汉谒者曹君之碑》《谯令碑》《富春丞张君碑》《富春属焉今碑》《大飨碑》《晋故使持节散骑常侍都督扬州江州诸军事安东大将军谯定王河内温司马公墓之神道碑》《下豫州刺史修老子庙诏碑》《灵津渡碑》等,而纂修者认为"以上碑皆久失"。① 此外,该志还著录了《唐佛顶尊胜陁罗尼经》《宋佛顶尊胜陁罗尼经》《元张宏略手书碑》《元赵孟頫墨刻》《仁宗御敕碑》《圣祖仁皇帝御书赐亳州知州朱之琏碑》6篇碑文。

---

① (清)钟泰、宗能徵修:(光绪)《亳州志》卷十六,清光绪二十年(1894)活字本。

二、碑刻文献的主要内容

亳州旧志中之所以收录大量的碑刻文,原因是纂修者认为亳州历经兵燹,先贤著作存者甚寡,即便是吉光片羽,也弥足珍贵,尽力掇采碑刻墓铭,以补文献之缺,如(乾隆三十九年)《亳州志·修志凡例》所云:"然昔贤之著作渐湮,寿世之鸿篇间出,因文考献,少亦足珍,故先奏议、次碑记序传,而墓碑数首,俱古今名贤,钜公之作、仁孝之思,不容尽泯,未免稍出入其例焉。"亳州旧志中所保存碑刻文献的主要内容,大致有以下几个方面:

1. 关于亳州的古建筑

亳州历来为国之望郡重镇,古迹甚多,但由于时间久远,又屡经战乱荒患,许多废圃旧亭,毁存不一,其具体位置、创建、规模等情况实为难考,现据旧志所载相关碑刻文献,略为铨次。如明代孙升《汤陵碑记》所记"汤陵"的位置,"陵在城北二里,河北风头村,见郡县表,嘉靖二十三年同知傅□创建,三十七年,御史张九功命知州张□立庙门廊,树之松柏"。① 又如关于白衣庵的遗址,屠应麟在《重修白衣庵碑记》中云:"白衣庵,古谯东门外丛林也,谯为江南北都会之区,而禅寂梵修,四方行脚往来挂搭之所,并无古刹。"②亳州旧志"艺文志"中的碑刻文字除记载古迹位置外,还记载了有关古迹的创建情况,如明代嘉靖时期在汤王陵前开始建庙祭祀,孙升的《汤陵碑记》中对此加以记载:"嘉靖戊午秋,监察御史张君九功行部至亳,询其故,怃然以为缺典,乃名知州张□同知诸暲建庙于陵之阳祀焉。"③关于咸

---

① (清)郑交泰修:(乾隆三十九年)《亳州志》卷十二,清乾隆三十九年(1774)刻本。
② (清)郑交泰修:(乾隆三十九年)《亳州志》卷十二,清乾隆三十九年(1774)刻本。
③ (清)郑交泰修:(乾隆三十九年)《亳州志》卷十二,清乾隆三十九年(1774)刻本。

平寺的创建情况,有的文献记载是唐代所造,有的则云建于明洪武年间,由于文献不足,难以断之,孙维龙在《重修咸平寺碑记》中认为该寺建于明代洪武年间,理由是明洪武初,亳州下辖谯、鹿邑、城父三县,后来属南直隶凤阳府,凤阳为明代帝王发迹之地,当地建有龙兴寺,明太祖亲自为志,并刻碑以传示后世,所以"亳去凤才三百里而遥,则其规模壮丽,使有以资拱卫而重藩篱也,宜哉!"①同时,该碑文还详细记载了咸平寺的规制情况。

2. 关于亳州的教育

方志记载学校由来已久,据仓修良考证,从敦煌遗书发现的唐代《沙州都督府图经》里,便有"州学""县学"的记载,而明清方志记载学校的内容更为翔实,除记载儒学、书院、学宫等教育设施外,有的还载有"学记""训约"之类文字,以明建置规模与办学宗旨,所以仓修良指出方志是研究一方教育的重要园地,"通过方志的记载,我们不但可以了解当时府学兴废和发展过程,而且可以知道当时学校的规模"。② 因此我们从亳州旧志中可以看出此地的教育历史状况,如清代马逸姿在《重修文庙碑记》中指出亳州重视教育的原因:"学校者,教育人才之地而士子登进之阶也。"③此外该碑文还指出亳州学校的创始时间,"亳学始建于唐,历代以来多所修治"。④ 关于亳州文庙的创建时间,清代的张肇扬在《重修学宫记》中云:"亳为古谯地,文庙之建创自元时张万户柔,明正德间漠东颜公木□迁于州之西

---

① (清)郑交泰修:(乾隆三十九年)《亳州志》卷十二,清乾隆三十九年(1774)刻本。
② 仓修良:《方志学通论》,济南:齐鲁书社,1990年,第521页。
③ (清)郑交泰修:(乾隆三十九年)《亳州志》卷十二,清乾隆三十九年(1774)刻本。
④ (清)郑交泰修:(乾隆三十九年)《亳州志》卷十二,清乾隆三十九年(1774)刻本。

南,即今地也。"①本地学官的创建情况,张光华认为"亳州学宫始建于宋庆历年间,历经元、明、清各代扩建、改建、整修,至光绪年间逐渐形成规模庞大的建筑群,按其功能可分为公务、祭祀、教学和生活四个类别"。② 而张肇扬的《重修学宫记》中,则详细记载了清代亳州学官的修建情况,据该碑文可知,在他之前,本地已有人倡议修葺,并一改旧制,移明伦堂于大成殿北,由于莅任未久,仅草创而已,不及观成,故张肇扬自认幸踵其后,不敢懈怠,与程光弼、李绎等共倡捐修,"鸠工庀材,制加宏厂,越一岁,工告竣,而亳之学校自殿庑堂阶以及斋舍遂焕然一新矣"。③

3. 关于亳州的河渠

一方之志,山水最关紧要,亳州旧志也不例外,由于亳州地处平原地带,地势平衍无山,故历朝《亳州志》均特详水之发源及所入之水,分别条分缕析,加以辨证,以备后人参稽,以利民生,如(乾隆三十九年)《亳州志·修志凡例》中云:"河渠沟洫,民生所关,不详上下源流,何以讲求水利。今俱考之《水经注》及各史地志,合之现在方位,注其通塞并经行流注之方,以备详考蓄泄。"涡水是亳州境内一条重要河流,故亳州旧志对其发源、流经情况进行详细记载,"涡河上自河南鹿邑县入州境怀家溜,东流经城北北门,又东经钓鱼台,又东南经白龙王庙至雉河集草桥出州境,入蒙城县界,在境内一百四十五里。"④据文献记载,乾隆二十六年(1761)七月,河南杨桥河大决,黄河之水进涡河,一夜之间水涨数丈,两岸居民半成巨浸,涡河上的永清桥被

---

① (清)郑交泰修:(乾隆三十九年)《亳州志》卷十二,清乾隆三十九年(1774)刻本。
② 张光华:《清代亳州的教育体制》,《兰台世界》,2012年第21期。
③ (清)郑交泰修:(乾隆三十九年)《亳州志》卷十二,清乾隆三十九年(1774)刻本。
④ (清)郑交泰修:(乾隆三十九年)《亳州志》卷一,清乾隆三十九年(1774)刻本。

洪水冲毁，随浪彻底漂流。清代刘科的《重修永清桥碑记》则详细记载了该桥的灾后重建情况，"兹桥所以易圮者，由于架木必尽，易以石，始堪乘远，而亳邑无山，艰于营运，遂急仿朱，金陵遗法谕众蠲赀垒趾，以石承砖，桥面封以钜石"。①

4. 关于亳州的历史人物

历代方志记载一方人物，几乎成为定例，"历朝历代，各地所修省、府、州、县以至乡、镇诸志，都必载人物，形成为一个定例和传统。"②亳州自古旧郡，历代名贤较多，且不论秦汉魏晋，就唐宋以来，也是代有文人高士，如明代薛蕙、薛凤翔、李方伯等先哲名流，其气节事功足以彪炳志乘，故（乾隆三十九年）《亳州志·人物》卷八云："谯自汉魏，洎乎宋元，领县率六七，疆围既广，名贤辈生，黉宫俎豆，爰以罗列为多，旧志遂据所辖者悉行收入，夫论人物于亳，何必借才于异地乎？"如亳州文人王仁子十五岁补诸生，后以恩选为贡生，由于倦于仕进，归家筑懒园于亳州城之西，拥书自娱，其著述情况，张鼐的《王仁子墓表》中记载："既归而晚且倦于仕，遂咏歌读书，施行其德以老，故亳人皆曰君文人，又曰君仁人，君之文章不大显于时，而所著有《懒园集》上、下卷，其志气倜傥，不获世于用，而感时类物，托事比兴，见于登览、吟咏诸篇。"③亳州旧志"艺文志"中的碑刻文字，不仅收名人之碑文，普通人物也同样收录，如万夔的《烈女庙碑记》、王寰洽的《明处士明洞配节妇芮孺人合葬墓志铭》以及朱筠的《清故亳州贞烈张偶姐墓碑》等。

三、碑刻文献的价值

碑刻文献在内容、形式等方面，与其他文献相比存在较大

---

① （清）郑交泰修：(乾隆三十九年)《亳州志》卷十二，清乾隆三十九年(1774)刻本。
② 黄苇等：《方志学》，上海：复旦大学出版社，1993年，第659页。
③ （清）郑交泰修：(乾隆三十九年)《亳州志》卷十二，清乾隆三十九年(1774)刻本。

差异,其价值之大,也是其他文献所不能替代的。亳州旧志"艺文志"中所收录的碑刻文字,则是保存当地社会文化资料的渊薮,其中的丰富记载,是在其他典籍中不能看到的异常珍贵的资料,对研究当地的社会文化状况具有重要价值。

1. 考证地方历史的资料

由于方志以一方社会为中心,关乎民生利弊、风土民情,一切不详载于正史的,大都借方志保存下来,其价值为历代学者所重视,"其中如方言、风谣、金石、艺文诸门类所包含的内容,可为史部考证之用,更显示出方志的重大价值"。① 亳州旧志中的"艺文志"部分所记载的内容,对研究当地的历史发展情况具有其他文献不可替代的作用,尤其是(乾隆三十九年)《亳州志·艺文》部分收录文献之多,价值之大,为学者所称颂,宫为之在《中国地方志总目提要》中指出:"艺文几占全志三分之一。收集了曹植的《陈审举之义疏》,欧阳修的《亳州乞致仕第四表》及碑文四十三篇,汇集了一方之文献。为研究亳州市地方史保存了重要资料。"② 尤其是一些历史人物,正史中有传,但是较为简略,从探索地方历史的角度,其生平事迹又有较大的研究价值,在此情况下,保存在旧志"艺文"中的墓碑往往可以发挥重要作用。如明代薛蕙,《明史·薛蕙传》对其生平事迹介绍较为简略,"薛蕙,字君采,亳州人。年十二能诗。举正德九年进士,授刑部主事。谏武宗南巡,受杖夺俸,旋引疾归。起故官,改吏部,历考功郎中。"③ 而(乾隆三十九年)《亳州志·艺文》"墓碑"中所收录的《薛考功墓碑》《薛考功墓铭》两篇碑文,对其生平情况记述得非常详细,"先生以正德甲戌举进士,授刑部贵州司主事,病免。起为福建司主事,以才调吏部验封主事。嘉靖初,先

---

① 张舜徽:《中国文献学》,上海:上海古籍出版社,2005 年,第 291 页。
② 金恩辉、胡述兆主编:《中国地方志总目提要》,台北:汉美图书有限公司,1996 年,第 12 页。
③ (清)张廷玉等撰:《明史》,北京:中华书局,1974 年,第 5074 页。

生在吏部历考功郎中,而罢后十八年辛丑正月九日,以病卒于家,年五十有三。"①此外,这两篇碑文还记载了薛蕙的祖、父辈及兄弟情况。同样,该志"艺文"中所收录的其他碑刻文献,无疑是研究当地历史的重要资料。

2. 传承地方文化的依据

一方文化是一地之血脉,是此地人民共同的精神家园,也是一个地方不可忽视的重要软实力。亳州是华夏文明的发祥地之一,早在五千年以前,人类就在此繁衍生息,境内发现的傅庄、青凤岭、钓鱼台等多处古文化遗址,出土四千多件石器、陶器等珍贵的历史文物;亳州地区的先贤著述,更是令后人称道,"亳之文,《诗》咏《玄鸟》,《书》载《说命》,柱史之道德五千言,陈思王之七步八斗,皆包罗天地,驾轶今古,天下文章,更无过于此者。即考功嗣出,而著述一绝,近代罕见"。② 这些都充分说明了亳州文化的灿烂悠久。为更好地传承优秀的地方文化,当地通过举办国际老庄研讨会、中国(亳州)曹操酒文化节、国际(亳州)中医药博览会暨全国(亳州)中药材交易会等大型文化活动,进一步展示了亳州独特的文化魅力。亳州旧志"艺文志"中的碑刻文字,是传承当地文化的重要载体,可以说凡城池、寺观、坛庙、宫室、塚墓、桥道等文化遗迹随处树碑,关于此地当时的风俗、制度等文化样式,大都有所记载,是探讨和传承当地文化的重要依据。

3. 发展地方旅游的参考

辉煌悠久的历史文化,为亳州留下了许多珍贵的文化遗迹。文化旅游资源较为丰富,如曹操运兵道,被专家誉为"地下长城",曹氏宗族墓群建筑工程浩大,一直为世人所关注,花戏楼以其精美的雕刻、绘画艺术,饮誉南北,此外还有华祖庵、南

---

① (清)郑交泰修:(乾隆三十九年)《亳州志》卷十二,清乾隆三十九年(1774)刻本。
② (明)李先芳修:(嘉靖)《亳州志》卷四,明嘉靖四十三年(1564)刻本。

京巷钱庄、道德中宫、白衣律院等多处省级以上重点文物保护单位,可谓是资源优势得天独厚,为首批中国优秀旅游城市。近年来当地政府依托地方优秀文化资源,制订了《亳州市旅游发展总体规划》,把文化旅游业定位为亳州社会经济发展的支柱产业之一,实施了中华药都养生园、古城旅游区改造、曹操地下运兵道入口改扩建、华佗广场建设等一批重大项目,有力地推动了文化资源向旅游资源的转化。亳州旧志"艺文志"中收录了多篇关于亳州历史古迹的碑刻文献,大都详细记载了一些文化遗迹的位置、规模及历代兴修情况,这些为古迹的保护和开发提供了文献依据。如亳州崇兴寺,相传建于魏黄初年间,毁于明季,清代重修,至于规制如何,我们从郑交泰的《重修西台崇兴寺碑记》中可以找到答案,"凡就旧基而谋更新者为大殿五楹,护法伏魔殿三楹,鬘髻香花一朝灿烂而徙倚,悉证之地亦新,其榱栋窗棂以供游憩。"①又如王鏊的《亳州兴造记》,则详细记载了明代亳州城内的建筑规划情况,"建明伦堂、辟射圃,缮黉舍,又筑郡厉坛于城之北,社稷坛于城之西,风云雷雨坛于城之南,又作城隍庙寝东西二十四司。"②此外还有《亳州纠曹厅壁记》《寥阳万寿宫碑铭》《重修文庙碑记》,等等,这些碑刻文献在当地旅游发展中所起的作用,是其他文献无法替代的。

亳州旧志"艺文志"中收录的许多碑刻文献,大都翔实记载了当地的历史遗迹、风土民情、先贤名流、文化教育等内容,无疑对考察当地的社会历史发展,繁荣地方文化,均具有重要价值。

---

① (清)郑交泰修:(乾隆三十九年)《亳州志》卷十二,清乾隆三十九年(1774)刻本。
② (清)郑交泰修:(乾隆三十九年)《亳州志》卷十二,清乾隆三十九年(1774)刻本。

第二节　亳州旧志中的曹魏文化

亳州,秦汉时置为谯县,建安年间"魏武分沛立谯郡",①魏文帝又改"谯",为五都之一,与长安、许昌、邺、洛阳同为陪都。是地历史悠久,地理位置显要,尤其是明清时期,商业繁荣,城市经济较为发达,为当时人所称道:"夫亳固江北一大都会也,在汉魏列为望国,迄今千六百余年矣。"②作为地方珍贵文献的亳州旧志,虽大多为明清时期所修,但其中有关曹氏家族的相关记述,内容翔实,材料来源广泛,是研究曹氏家族情况的重要史料。

一、曹氏家族史料

据文献记载,亳州旧志在历史上曾先后编纂十一次,最早修于明代成化壬寅年(1482)。据《千顷堂书目》记载,明代四次纂修,分别为:贺思聪主修的(成化)《亳州志》、石玺主修的(正德)《亳州志》、李先芳主修的(嘉靖)《亳州志》和陈观所修的(陈观)《亳州志》。清代亳州旧志的编纂达到鼎盛,先后六次纂修,分别为:刘泽溥主修的(顺治)《亳州志》、华度主修的(乾隆五年)《亳州志》、郑交泰主修的(乾隆三十九年)《亳州志》、裴振主修的(乾隆五十五年)《亳州志》、任寿世主修的(道光)《亳州志》和宗能徵主修的(光绪)《亳州志》;民国时期,有刘治堂编修的《亳县志略》,内容较为简略。目前存世的《亳州志》有七部,分别为:(嘉靖)《亳州志》、(顺治)《亳州志》、(乾隆五年)《亳州志》、(乾隆三十九年)《亳州志》、(道光)《亳州志》、(光绪)《亳州志》和(民国)《亳县志略》。其中部分志书出自名家之手,在内容设置和史料考证方面,均达到较高水平,是研究亳州乃至整

---

① (唐)房玄龄等撰:《晋书》,北京:中华书局,1974年,第420页。
② (清)任寿世修:(道光)《亳州志·任寿世序》,清道光五年(1825)古谯官舍刻本。

个皖北地区历史文化和社会变迁的第一手资料。

（嘉靖）《亳州志》为目前存世最早的一部亳州志书，全书共四卷，由于年代久远，笔者所经眼的此本志书，损毁较重，目前仅残存三卷。是志有关曹氏家族的记载，在卷一"帝系表"中列有帝王：武帝、文帝，后妃：卞皇后，王（附宗室、列侯）：任城王彰、陈思王植、谯王林、曹冲、陈侯曹仁、长平侯曹休、元侯曹真、安武侯曹爽；在卷三"魏纪"中，记载了从曹操到曹冏多达11位曹氏家族成员的人物事迹，可谓较为完整的曹魏世系；在卷三"后妃纪"中，则保存了卞皇后的人物事迹史料。

（顺治）《亳州志》保存的曹氏家族史料，除在卷二"魏纪"中记载了11位曹氏家族成员的人物传记外，还在卷三"外传"中介绍了曹腾、曹嵩的人物事迹，同时收录了《曹公》一文，汇集了历史上对曹操的几种评价，并提出自己的观点。此外，在卷二"古迹"中记载了谯望楼、魏武帝庙、魏文帝庙、大飨碑4处历史遗迹，在卷四"艺文"中还收录了《魏大飨碑》一文。

（乾隆五年）《亳州志》有关曹氏家族的记载，在卷八人物志"帝王"中记载了魏武帝、魏文帝的事迹；在"武功"中记载了曹仁、曹彰、曹休、曹真和曹洪五人的生平事迹。而曹植的事迹则保存在卷九的人物志"文苑"中。在卷二疆域志"古迹""坛庙"中，记载了魏武故宅、谯望楼、东台、西台、观稼台、谯令谷、大飨堂、魏武帝庙、魏文帝庙，共9处历史遗迹的地理位置情况。此外，"艺文志"中则收录了曹植的《求自试表》《求通亲亲表》《与杨德祖书》，以及曹丕的《典论·论文》、曹冏的《六代论》。

（乾隆三十九年）《亳州志》中所保存的曹氏家族史料，在卷十一"摭史"中记载了曹操、曹丕的人物事迹，而在卷八"人物"中则保存了曹仁、曹洪、曹休、曹真、曹冲、曹彰、曹植7人的生平事迹。在卷三"古迹""坛庙"中，除记载了东台、谯望楼、观稼台、魏武帝庙等历史遗迹外，还对"魏武故宅""西台"两处遗迹，引经据典，详加考证；同时，还记载了曹腾冢、曹炽冢、曹允冢的相关情况。在卷十二"艺文"中,除收录曹植的《陈审举之义疏》《大飨碑》、曹丕的《典论·论文》《临涡赋》和曹冏的《六代论》外,还著录有篇目,如曹操的《武帝集》《新撰》《兵书捷要》《续孙子兵法》、曹丕的《文帝皇览》《文集》《兵书要略》《皇博经》《大小博经》《士操》《典论》《兴棋戏法》、曹睿的《明帝集》、曹髦的《高贵乡公》,以及曹植的《陈思王集》《列女传颂》,共计16部。

(道光)《亳州志》中有关曹氏家族的记载,除人物志"擅纪"中记载曹操、曹丕,"宦业"中记载曹仁、曹洪、曹休、曹真、曹彰5人,以及曹植入"文苑"外,卷三十一人物志"文苑"中又新增了曹衮的人物传记。在卷十六舆地志"古迹"中,不仅记载了"东观稼台""西观稼台""北曹寺"等一些重要历史遗迹的地理位置和修缮情况,还保存了《魏武帝帐殿记》《西台碑记》和《重修西台崇兴寺碑记》三篇关于曹操遗迹的碑刻文字。在"艺文志"中,有关曹氏家族的作品收录,与前志相较,卷三十九艺文志"诗赋"中新增了曹植的《赠白马王彪》;卷三十四艺文志"书集"中新增篇目有:曹操的《逸集》《露布文》、曹髦的《左氏传音》和曹植的《殿阁画赞》。

(光绪)《亳州志》中记载的曹氏家族史料,在人物传记方面,卷十九杂类志"擅纪"中保存了曹操、曹丕、卞皇后三人的生平事迹,卷十三人物志"文苑"中记载了曹植、曹衮、曹冏,"懿行"中记载了曹冲,"武功"中记载了曹仁、曹洪、曹休、曹真、曹彰等人的主要事迹,此外在人物志"武功"中还新增了"曹纯"的人物传记,故现存亳州旧志中所保存的曹氏家族人物传记有15篇之多。在卷二舆地志"古迹""陵墓"中,除记载了八角台、观稼台、曹嵩冢等历史遗迹外,又在"陵墓"中新增了曹褒冢。在艺文志中,除收录曹丕、曹植和曹冏三人九篇文学作品外,卷十六艺文志"金石"中,还收录了曹嵩、曹褒、曹炽、曹允四人的墓冢碑刻。卷十六艺文志"著述"中,除前志已有记载外,又新增加曹操的《兵法》《兵法接略》《太公阴谋解》《军令》《尉缭子兵书》《群臣表伐吴策》《诸州策》、曹丕的《海内士品录》《列异传》、曹睿的《海内先贤传》、曹植的《皇帝宝藏经》《括明经》《悟迷经》《曹氏皇帝式经》《元女式经要诀》,总计35部413卷。

综上所述,亳州旧志中的曹氏家族史料,按内容大致可以分为三类:人物传记、历史遗迹和作品收录。由于(民国)《亳县志略》中,没有涉及曹氏家族的史料内容,故现存的6部亳州旧志中所保存的曹氏家族史料,内容丰富,资料翔实,是其他典籍文献所不及的。诚然,亳州旧志中的曹氏家族史料部分内容难免有"溢美"之词,在使用这些史料时,应当有所区别。

二、史料的特点和价值

亳州旧志中有关曹氏家族的史料,内容较为丰富,史料来源广泛,具有较高的可信度,有些史料具有补史、证史的价值,其特点主要体现在以下几个方面:

1. 资料丰富、内容翔实

"地方志书是一地古今之总览,丰富的资料性是它的重要特征之一"。① 与《后汉书》《三国志》等正史相比,亳州旧志中所保存的曹氏家族史料内容较为丰富,书中不仅保存了很多曹氏家族成员的人物传记、作品专著,而且记载了许多与曹氏家族有关的历史遗迹。在人物评价方面,如(顺治)《亳州志·外传》卷三中收录有《曹公》一文,对历史上有关曹操的评价加以辨析,如关于"治世之能臣,乱世之奸雄也"的评价,此文认为:"夫闻'奸雄'之语而大笑,非操不能。"又如"予因思操羁留云长,加礼殷笃,固公之奸。至云长辞曹独行,过关斩将,公卒无深憾意,其精神亦自相接,不觉'伪'化为'诚',学人不宜以净奸盖公"。又如对曹植的评价,"嗟嗟,文士相轻,自古为然,任子桓

---

① 黄苇等:《方志学》,上海:复旦大学出版社,1993年,第525页。

已有定论矣,而虚心乐善如子建者几人哉!"①在艺文著录方面,不仅收录了曹氏家族成员的文学作品,著录了许多著作篇目,而且对某些佳作名篇,或注解,或评述。如(道光)《亳州志·艺文志》对曹丕的《临涡赋》加以"题解"时云:"建安八年,至谯,余兄弟从,上拜坟墓,遂乘马游观,经东国,遵涡水,相羊(佯)乎树下,驻马书鞭,作临涡之赋。"②又如关于曹丕的《典论·论文》,(乾隆三十九年)《亳州志·艺文》卷十二认为:"此论文章家,'谓己为贤'及'以气为主'两语,实能抉流弊而探本原,才识固出陈思上也!"而论及曹植的《求自试表》云:"连用五昔、二臣闻,皆系述古,惟以铺张见长,未见议论,变换架叠排比,上失'两京'之浑厚,下启六代之浮词,不足取也。"③此外,在历史遗迹方面,《亳州志》对曹氏家族历史遗迹的地理位置、后世建筑情况,大都有记载,如(道光)《亳州志·舆地·古迹》卷十六记载:"八角台,在城东南三里,魏武所筑,以飨军士。东观稼台,在城东北一里,魏武所筑,今建为大悲寺。西观稼台,在城西北一里,亦魏武所筑,今建为崇兴寺。"又如旧志中所保存的曹氏宗族墓葬史料,不仅记载了各墓葬的大致位置,还收录了其碑文,并注明其墓主,内容非常丰富。

2. 来源广泛、可信度高

有些亳州旧志在编纂过程中,就非常重视史料的收集,如(乾隆三十九年)《亳州志·修志凡例》云:"兹编虽间有采择,而体例既别,详略异殊,大要讨源于二十二史,旁摭群籍故典旧闻,凡有裨斯著者,靡不广搜互证,总期详核无遗,用备后人考订,所仍旧志十之二而已。"亳州地处中州要塞,自古为军事重

---

① (清)刘泽溥修:(顺治)《亳州志》卷二,清顺治十三年(1656)刻本。
② (清)任寿世修:(道光)《亳州志》卷三十九,清道光五年(1825)古谯官舍刻本。
③ (清)郑交泰修:(乾隆三十九年)《亳州志》卷十二,清乾隆三十九年(1774)刻本。

镇,有些当地文献常为战争所毁,故亳州旧志的编纂者更注重对文献资料的搜集,"艺文之志,始于班氏,止载篇名、卷数。亳虽代有作者,而屡经兵燹,存者甚寡,吉光片羽,少亦足珍,一二遗文不得不掇采,以补文献之阙。"①我们从某些旧志的"修志凡例"中可以看出,《亳州志》的史料来源是非常广泛的,不仅有正史、文集、旧志等典籍,还有地理书、政书、类书等文献,如"亳州无藏书之家,所据颜知州贮儒学二十一史、《文献通考》、《玉海》并《文选》、《初学记》及中都、归德、鹿邑诸志,采取增定"。②

亳州旧志中曹氏家族的史料来源,在人物传记方面,大多节自正史文献。如曹操、曹丕、曹植等人物事迹,(顺治)《亳州志》大都节选于《三国志》。从(乾隆三十九年)《亳州志》人物传记后标注的史料来源看,也大都出自《三国志》,如卷十一"摭史"中的曹操传记,结尾标注"节《魏志》";曹丕传记结尾则标明引自"《文帝本纪》";而卷八"人物"中的曹仁、曹洪、曹休、曹冲、曹植等传记后,均标明"节录本传";曹真的人物事迹后则标注"节录本传,并参《魏氏春秋》"。历史遗迹方面的史料大多源自旧志、地理书等文献,如(乾隆五年)《亳州志·疆域志》卷二"坛庙"中所载:"魏武帝庙,在城东七里,宋穆(修)撰碑。魏文帝庙,在城东七里。"大都与旧志所载相同。又如(光绪)《亳州志》关于"曹嵩冢"的记载:"冢北有碑,碑北有庙堂,余基尚存,柱础仍在,庙北有二石阙双峙,高一丈六尺,榱櫋及柱皆雕镂云矩,上罦罳已碎,今无。"③其材料节自《水经注》。同时,这些史料还具有较高的可信度,如(光绪)《亳州志·舆地志·陵墓》卷二:"曹嵩冢,在城南;曹褒(腾兄)冢,在城南;曹炽(褒子)、曹允冢,

---

① (清)郑交泰修:(乾隆三十九年)《亳州志》卷十二,清乾隆三十九年(1774)刻本。
② (明)李先芳修:(嘉靖)《亳州志·修志凡例》,明嘉靖四十三年(1564)刻本。
③ (清)钟泰、宗能徵修:(光绪)《亳州志》卷二,清光绪二十年(1894)活字本。

在城南。"我们从 20 世纪 70 年代当地出土的一批字砖文字看："十号：比美诗之此为曹腾字季兴。十一号：故颍川……曹褒。十二号：长水校尉曹炽字符盛。十三号：故长水校尉沛国谯炽。十六号：吴郡太守曹鼎字景节。"①二者可以互相印证。由此可知，《亳州志》所载曹氏家族史料具有较高的可信度。

3. 具有补史、证史的价值

由于亳州旧志在编纂过程中，坚持"制必原其所自，事必求其有据"②的编修原则，故志中所存史料有些内容具有补史、证史的价值。如《后汉书》《三国志》等正史中，有关曹氏家族历史遗迹的内容较少，而亳州旧志中所保存的曹氏家族历史古迹方面的史料，则很丰富。不仅记载了八角台、魏武帝庙、观稼台等古迹的地理方位，还保存了一些古迹变迁、损毁的信息，如《西台碑记》云："余童子时，尝嬉游其地，爱其土泽泉甘，山深树古，时虽不能凭高而赋，然已低徊久之。既而，兵火荐经，所在铄毁。余亦尝经过其地，则其概故存耳，而苍凉满目，向之所谓岿然而峨然者，亦既荡焉，寒云断草，荒烟杳霭矣。"③又如（乾隆三十九年）《亳州志·坛庙》卷三，记载了魏武帝庙和魏文帝庙两处古迹被毁的原因，"今两庙俱废，相传元张柔筑城取其材以助工。"在艺文著录方面，（乾隆三十九年）《亳州志》最早开始对曹氏家族的著作篇目进行著录，"《武帝集》二十六卷，《新撰》十卷，《兵书捷要》十卷，《续孙子兵法》一卷……《陈思王集》三十卷，又二十卷，《列女传颂》一卷。"④而（道光）《亳州志》和（光绪）《亳州志》所著录的曹氏家族著作篇目更加繁富，多达 400 余

---

① 李灿：《亳县曹操宗族墓葬》，《文物》，1978 年第 8 期。
② （清）郑交泰修：（乾隆三十九年）《亳州志·郑交泰序》，清乾隆三十九年（1774）刻本。
③ （清）任寿世修：（道光）《亳州志》卷十四，清道光五年（1825）古谯官舍刻本。
④ （清）郑交泰修：（乾隆三十九年）《亳州志》卷十二，清乾隆三十九年（1774）刻本。

卷。此外，亳州旧志还对一些著作进行考证，如"《皇览》一百卷，按：文帝纪云：帝好文学，以著述为务，自所勒成垂百篇，又使诸儒撰集经传，随类相从，凡七千余篇，号曰《皇览》，与此数不合。"①如（道光）《亳州志·杂志·辨讹》卷四十二云："大飨碑：《魏受禅碑》王朗文，梁鹄书，钟繇字，为之三绝，见唐李绰《尚书故实》。《大飨碑》曹植文，梁鹄书，今人谓为三绝者误，并见孙北海《销夏录》。"

关于曹操"精舍"的记载，如《三国志》引"《魏书》曰：于是权臣专朝，贵戚横恣。太祖不能违道取容。数数干忤，恐为家祸，遂乞留宿卫。拜议郎，常托疾病，辄告归乡里；筑室城外，春夏习读书传，秋冬弋猎，以自娱乐。"②其中"筑室城外"并未注明其详细位置，又引曹操的《让县自明本志令》中云："故以四时归乡里，于谯东五十里筑精舍，欲秋夏读书，冬春射猎，求底下之地，欲以泥水自蔽，绝宾客往来之望，然不能得如意。"据亳州旧志记载，曹操"精舍"在"谯东五十里"的观点并不可信，（顺治）《亳州志·古迹》卷二云："武帝故宅，相传在今城内，有读书精舍。"而（乾隆三十九年）《亳州志》则认为"谯东五十里"与"城内"的观点，均不可信，"夫操之此言亦英雄欺人语耳，道里不符，空言岂足为证"，从而提出"其地当与东台相近"③的观点。而（乾隆五年）《亳州志·疆域志·古迹》卷二又提出"精舍"当"在州东五里"的观点。据《水经注》记载，"城东有曹太祖旧宅，所在负郭对廛，侧隍临水"。④ 笔者认为曹操精舍"在州东五里"的观点较为可信，其一与《魏书》"筑室城外"相符，其二与《水经注》"负郭对廛"相合；否则，如为"谯东五十里"，那么就不能简单称为

---

① （清）任寿世修：（道光）《亳州志》卷三十四，清道光五年（1825）古谯官舍刻本。
② 陈寿撰，裴松之注：《三国志》，北京：中华书局，1959年，第4页。
③ （清）郑交泰修：（乾隆三十九年）《亳州志》卷三，清乾隆三十九年（1774）刻本。
④ 陈桥驿：《水经注校释》，杭州：杭州大学出版社，1999年，第414页。

"筑室城外"和"负郭对廛"了。

总之,现存的七种亳州旧志,保存了大量的曹氏家族史料,尤其是关于曹氏家族人物传记和历史遗迹的记载,内容丰富、资料翔实,是探讨曹氏家族在当地活动情况的第一手资料,无论是对曹氏家族的研究,还是对曹氏家族历史遗迹的保护和开发,均具有重要价值。

第三节　亳州道家文化

地处皖北的涡淮流域,诞生了许多著名的道家人物,如老子、庄子、陈抟等,这些众多的道家人物生活于斯,在长期的生活、讲学过程中,也在当地留下了许多历史文化遗迹。这些地方名贤和遗迹,是一笔珍贵的文化遗产,大都为地方纂修的志书所著录,且在著录过程中,呈现出一定特色,对此加以分析,对更好地传承道家文化具有重要价值。

一、道家著名人物

由于一地之历史名人,为一方之荣耀,故古代方志的撰修者,大都注重对地方历史人物的著录,这基本上为历代方志所承袭,"历朝历代,各地所修省、府、州、县以至乡、镇诸志,都必载人物,形成为一个定例和传统,代代相承。"[1]作为亳州重要地方文献之一的《亳州志》,也遵循其制,在修志中较为重视对地方历史人物的著录,其主要原因如华度在(乾隆五年)《亳州志·华度序》中所言,夫莫为之纪,虽美而弗传;莫为之文,虽传而弗著,况且"圣贤之生不偶,故一郡邑中既称人物者多有之,而名贤难得"。[2] 地处皖北的涡淮流域,可谓是道家文化的摇篮,孕育出一代又一代的道家名贤,尤其是亳州境内的涡水,则

---

[1]　黄苇等:《方志学》,上海:复旦大学出版社,1993年,第659页。
[2]　(清)钟泰、宗能徵修:(光绪)《亳州志》卷十二,清光绪二十年(1894)活字本。

哺育出老子、陈抟等重要的道家人物,对道家文化的发展产生过重要影响,"涡河两岸的社会历史、文化传统、生产方式、生存环境,乃至周边环境,无不对道家文化产生深刻影响,使道家的产生与涡河紧紧连在一起"。① 对于生长于此地的重要道家人物,《亳州志》的主修者是无法忽视的,因此目前存世的几种明清时期所修的《亳州志》,大都为他们进行了立传。

道家思想的创始人老子,是春秋时期最伟大的思想家之一,著有《道德经》一书,对中国传统文化的发展产生了深远而重大的影响,关于老子的生平简介,由于历史久远,翔实资料的缺失,自古至今,众说纷纭,"《老子》书的作者是谁?他是什么时候的人?他是哪国人氏?这个问题,近两百年来学术界众说纷纭,似乎是中国文化史上的一个谜"。② 而《亳州志》的编纂者在写老子传记时,也必须面对这一问题,如(光绪)《亳州志》的纂修者钟泰、宗能徵,则把"老子"列入该志卷十二人物志中的"名贤"类目下,"老子,姓李名耳,字伯阳,苦县厉乡曲仁里人也,谥曰'聃'。为周柱下史"。③ 该志除对"老子"的生平进行介绍外,还对历史上的"孔子问礼""为尹喜著书"等事加以记述,"孔子曾问礼焉,老子曰:'良贾深藏若虚,君子圣德容貌若愚。'孔子退曰:'老子其犹龙乎?'后乘青牛车去。至函谷关,关令尹喜曰:'子将隐矣,强为我着书。'乃述《道德经》上下篇五千余言而去,莫知所终"。④

除老子之外,《亳州志》还对另一重要道家人物陈抟进行立传,陈抟在道家文化中也享有较高的声誉,著有《无极图》《先天

---

① 王正明、魏宏灿、张立驰编著:《亳文化概论》,合肥:合肥工业大学出版社,2012年,第27页。
② 孙以楷等:《道家文化寻根》,合肥:安徽人民出版社,2001年,第31页。
③ (清)钟泰、宗能徵修:(光绪)《亳州志》卷十二,清光绪二十年(1894)活字本。
④ (清)钟泰、宗能徵修:(光绪)《亳州志》卷十二,清光绪二十年(1894)活字本。

图》等道家文化著作,在中国道家文化发展史上占有重要位置,"他上承老庄,下启'理学'。研究道家思想,开启道教门派"。①由于陈抟经常隐逸名山大川,故亳州旧志大都把他著入"隐逸"之类,如(光绪)《亳州志》便把"陈抟"列入该志卷十三人物志的"隐逸"类目下,"陈抟,字图南。始四五岁,戏涡水岸侧,有青衣妪乳之,自是聪悟日益。及长,读经史百家之言,一见成诵,悉无遗忘。后唐长兴中,举进士不第,遂不求禄仕,以山水为乐。移居华山云台观,又止少华石室。每寝处,多百余日不起"。②该志不仅记述陈抟的生平简介,还对陈抟与当时朝廷之间的逸闻趣事加以著录,如周世宗好黄白术,于显德三年(956),召陈抟进京,请教炼丹之术,陈抟则建议皇上:"陛下为四海之主,当以政治为念,奈何留意黄白之事乎?"又如宋朝宰相宋琪等人,曾向陈抟请教玄默修养之道,而陈抟不但自谦为山野之人,不知吐纳养生之术,还积极建言曰:"正君臣协心同德、兴华致治之秋。勤行修炼,无出于此。"③时称其善,益为朝廷所敬重。

　　三国时期魏国名士嵇康,在文学、思想和音乐等方面均有重要成就,为历史上著名的"竹林七贤"之一,深受道家文化的影响,"私淑老庄,几乎是魏晋名士的共同特征,但真正从思想上和行为上继承、践行老庄精神的,当首推嵇康。"④至于嵇康为何地之人,虽然说法不一,但《亳州志》的纂修者对于嵇康为亳州人,是深信不疑的,故(光绪)《亳州志》把嵇康列入该志卷十三人物志"文苑"中,并曰:"嵇康,字叔夜。其先本上虞人,姓奚。以避怨,徙谯,家于铚之嵇山,因而命氏焉。康早孤,有奇

---

① 何宗军等:《中国历史文化名城——亳州》,北京:中国科学技术出版社,1992年,第232页。
② (清)钟泰、宗能徵修:(光绪)《亳州志》卷十三,清光绪二十年(1894)活字本。
③ (清)钟泰、宗能徵修:(光绪)《亳州志》卷十三,清光绪二十年(1894)活字本。
④ 孙以楷等:《道家文化寻根》,合肥:安徽人民出版社,2001年,第320页。

才,远迈不群。美词气,有风仪,而土木形骸,不自藻饰,人以为龙章凤姿,天质自然。博览无不该通,与魏宗室婚,拜中散大夫。好道养服食之事,弹琴咏诗,自足于怀。"①随后该志又对嵇康与孙登之游、钟会之陷和《广陵散》之授等事,加以概述,最后又简要交代了嵇康的著述情况,并附以与嵇康有关的嵇喜、嵇含等人的简介。

《亳州志》除著录老子、陈抟、嵇康这些著名道家文化人物外,还对道教人物丁少微的生平事迹加以著述,但是大都没有将其列入"人物志"中,如(光绪)《亳州志》就把丁少微录入该志卷十九杂类志"仙释"类目中,"丁少微:为道士,持斋戒,奉科仪尤为精至。尝隐华山潼谷,密迩陈抟所居,与之齐名。不相往还。志清洁,善服气,多饵药,年百余岁。太平兴国三年,召赴阙,以金丹、巨胜、南芝、玄芝为献。还山,七年冬卒。"②由此可知,《亳州志》的纂修者对地方先贤的立传,是有一定准则的。

二、道家文化遗迹

古代方志对一地之历史文化遗迹,大都详细记述,可以说"旧志均有名胜古迹志,已成志例"。③ 同样清代所修《亳州志》也大都关注本地所存历史遗迹,加之亳州历史悠久,名贤辈出,为当地留下众多的名胜古迹,道家文化遗迹则更为显著。如有关老子的文化存,在清代所修的《亳州志》中著录较多,郑交泰、王云万所编(乾隆三十九年)《亳州志》卷三"坛庙"中就记载有"老子庙,在城内东北隅,万历中知州马成鼎修"。④ 据史料记

---

① (清)钟泰、宗能徵修:(光绪)《亳州志》卷十三,清光绪二十年(1894)活字本。
② (清)钟泰、宗能徵修:(光绪)《亳州志》卷十九,清光绪二十年(1894)活字本。
③ 黄苇等:《方志学》,上海:复旦大学出版社,1993年,第813页。
④ (清)郑交泰修:(乾隆三十九年)《亳州志》卷三,清乾隆三十九年(1774)刻本。

载,老子受到不少古代帝王推崇,朝廷派人祭祀老子,屡见于史书,如《后汉书》卷七"孝桓帝纪"所载,"(延熹)八年春正月,遣中常侍左悺之苦县,祠老子"。① 同年十一月,又"使中常侍管霸之苦县,祠老子"。② 唐朝时期,李唐王朝以老子为本家,对老子更是推崇备至,"粤若老君,朕之本系"。③ 据《唐会要》卷五十"尊崇道教"可知,李唐王朝从乾封元年至天宝十三年,不断给老子进行加封,"乾封元年三月二十日,追尊老君为太上玄元皇帝……(天宝)十三载二月七日,加号大圣高上大道金阙元皇帝。"④ 李唐王朝不仅对老子追加封号,还命令各地修建庙祠,进行祭祀,其目的是向世人表明自身与老子的特殊关系,"祠堂庙宇,并令修创,庙制令丞,以供荐飨……冀崇追远之怀,用申尊祖之义"。⑤ 宋元以后,朝廷崇祀老子虽不比汉唐之隆,但也时常进行,如《宋史》卷二十二"徽宗"所载:"靖康元年(1126)正月己巳,诣亳州太清宫,行恭谢礼,遂幸镇江府。"⑥ 又如《金史》卷九十四"内族襄传"记载:"泰和元年(1201)春,承命驰祷于亳州太清宫及后土方岳。"⑦ 在历代朝廷的倡导下,"于是百姓稍有奉者,后遂转盛"。⑧ 在崇老之风的影响下,一些地方纷纷创建祭老之庙,老子庙随见于各地,如粗略检索《大清一统志》,就会发现多处有关老子庙的记载,如该书卷一百五十四"归德府"下"老子庙,在鹿邑县东十里,一名太清宫";卷一百七十五"陕

---

① (宋)范晔撰,(唐)李贤等注:《后汉书》,北京:中华书局,1965年,第313页。
② (宋)范晔撰,(唐)李贤等注:《后汉书》,北京:中华书局,1965年,第316页。
③ (宋)宋敏求编:《唐大诏令集》,北京:商务印书馆,1959年,第443页。
④ (宋)王溥撰:《唐会要》,北京:中华书局,1955年,第865页。
⑤ (宋)宋敏求编:《唐大诏令集》,北京:商务印书馆,1959年,第443页。
⑥ (元)脱脱等撰:《宋史》,北京:中华书局,1977年,第417页。
⑦ (元)脱脱等撰:《金史》,北京:中华书局,1975年,第2092页。
⑧ (宋)王钦若等撰,周勋初等校订:《册府元龟》,南京:凤凰出版社,2006年,第554页。

州"下"老子庙,在州城东,有隋薛道衡碑记";卷一百八十"西安府"下"老子庙,在盩厔县楼观南";卷二百七十九"岳州府"下"老子庙,在平江县东道岩山"。由此观之,当时地方尚老之风,也较为浓厚。

除老子庙外,《亳州志》还记载了"老子祠""九井""流星园"等有关老子的文化遗迹。如(光绪)《亳州志》记载:"(武德)四年(621),老子祠枯树复生枝叶……(开元)二十九年(741),老子祠九井涸复涌。"①据《明一统志》卷七记载:"老子祠,在亳州,老子所生之地,后人为立祠,汉桓帝尝命边韶为文。"②关于老子九井的传说较多,但大都较为荒诞不经,故多不为正史所录,见于正史记载者有《新唐书》卷三十六:"(开元)二十九年,亳州老子祠九井涸复涌。"③宋代王应麟在《玉海》卷二十四对"唐亳州九井"进行专门记述时,除引用《新唐书》"五行志"的记载外,还引用刘义庆的《幽明录》和伏滔的《北征记》作为补充,"唐亳州九井……刘义庆《幽明录》曰:襄邑县南濑乡老子庙中有九井……伏滔《北征记》曰:有老子庙,庙中有九井,水相通。"④关于流星园的记载,(乾隆三十九年)《亳州志》卷三"古迹"中云:"流星园在州东一百二十里,相传老子之母曾居于此,有星突流于园,遂孕老子。"⑤《江南通志》卷三十六记载:"流星园,在亳州东天静宫南,相传有星突流于园,老子因而诞生。"⑥《明一统志》卷七也记载:"流星园,在亳州天静宫南,碑云:有星突流于园,老子因而降诞,即此元有圣母殿,遗趾尚存。"而据《六艺之一录》

---

① (清)钟泰、宗能徵修:(光绪)《亳州志》卷十九,清光绪二十年(1894)活字本。
② 李贤等撰:《明一统志》,文渊阁四库全书本,第472册,第191页。
③ (宋)欧阳修、宋祁撰:《新唐书》,北京:中华书局,1975年,第947页。
④ (宋)王应麟撰:《玉海》,南京:江苏古籍出版社,1987年,第480页。
⑤ (清)郑交泰修:(乾隆三十九年)《亳州志》卷三,清乾隆三十九年(1774)刻本。
⑥ (清)赵弘恩等:《江南通志》,文渊阁四库全书本,第508册,第189页。

卷九十九和《御定佩文斋书画谱》卷六十四记载可知，亳州"流星园碑"的相关内容为明代于奕正的《天下金石志》所载。

始建于东汉的重要道家文化遗址天静宫，现位于亳州市涡阳县闸北镇，清代所修《亳州志》大都对其情况进行较为翔实的著录。如（乾隆三十九年）《亳州志》卷三记载："天静宫，与流星园接壤，前为圣母殿，有大石枕刻文曰：凿石为枕，断木为桥，红尘不到，终日逍遥。有炼丹井在殿前。"①同时，该志还考述了该遗址的建筑规模，"按：天静宫与星园之太清宫俱，殿宇宏深，规模整□，中塑圣像，道气清严，威仪静穆，足令瞻礼者□肃有加，迥非今匠所能仿佛。"《大清一统志》卷八十九也载："天静宫，在亳州东一百二十里福宁镇，汉延熹七年建，相传老子生于此，宋天禧二年盛度撰《天静宫碑文》"。② 除以上遗迹外，《亳州志》还对"希夷故里""希夷先生陈公祠""道德中宫"和"寥阳万寿宫"等道家文化遗迹加以著录。如（乾隆三十九年）《亳州志》卷三记载："希夷故里，在城南十八里，有曲水环之。"③又如（光绪）《亳州志》卷四记载："希夷先生陈公祠，在北关外太平桥北，雍正十三年重修，一在城南，即希夷故里。"④据该志记载，位于亳州城内东北隅的道德中宫，明万历年间知州马呈鼎创修著经堂，石刻《道德经》，并在其左建春登台，清代已颓废不堪，无基可考。乾隆十三年（1748），知州杨遵时复修后殿山门；道光十六年（1836），知州龚裕率邑绅何天衢、许明德等捐修，改龙厅为拜殿。

---

① （清）郑交泰修：（乾隆三十九年）《亳州志》卷三，清乾隆三十九年（1774）刻本。
② （清）和珅等：《大清一统志》，文渊阁四库全书本，第475册，第775页。
③ （清）郑交泰修：（乾隆三十九年）《亳州志》卷三，清乾隆三十九年（1774）刻本。
④ （清）钟泰、宗能徵修：（光绪）《亳州志》卷四，清光绪二十年（1894）活字本。

三、主要著录特色

1. 儒家思想的标准

古代方志的纂修,大都由地方主政者负责,其修志目的主要出于统治需要,其"资政、教化"功能,历来为志书的编修者所看重,正如宗能徵在《光绪》《亳州志·宗能徵序》中所言:"夫以徵之拙于从政,得借助于志,而所虑为未闻者,一一以志治之。诚哉,志之有裨于吏治也!"在这种观念的主导下,修志过程中对材料的取舍并非按照纂修的喜好而为,如(乾隆五年)《亳州志·华度序》云:"如陈希夷学启周、邵,应列之'人物考'中是也。他之或因或革,不可枚举。无非悉心斟酌,以为信志。凭臆而出,任我作议,非所取矣。"①既然不能任凭己意,那就要尊重事实,以儒家思想为标准进行选材。加之道家文化中的许多内容,常为道教所用,往往被涂上一层神秘色彩,《亳州志》在对道家人物、遗迹进行著录时,大都坚持儒家思想,如(嘉靖)《亳州志·凡例》所言:"旧志有妄诞不经,如老子骑白鹿缘桧树升天……陈抟生卤球中,渔人得于网,将烹,雷电大震,裂而出抟,悉删去。"(光绪)《亳州志》卷十二"人物志"在谈到老子入传时则云:"考《江南人物志》,商周间所列名贤仅五人,而老子与焉。《广舆》诸记目之为仙释,殊属无稽。特从《通志》正之。"②此外,《亳州志》在著录陈抟、嵇康等道家人物的传记时,与儒家思想不一致的内容,也均未被采用。

2. 以正史史料为主

就《亳州志》所著录的道家人物和遗迹内容而言,其史料来源大多出自正史,如(光绪)《亳州志》卷十二"人物志"中的老子,其取材主要来自《史记·老子韩非列传》。该志在记述有关

---

① (清)华度修纂:(乾隆五年)《亳州志》,清乾隆五年(1740)刻本。
② (清)钟泰、宗能徵修:(光绪)《亳州志》卷十二,清光绪二十年(1894)活字本。

陈抟生平事迹时,内容主要源自《宋史·陈抟传》,如(光绪)《亳州志》记载:"陈抟,字图南。始四五岁,戏涡水岸侧,有青衣姬乳之,自是聪悟日益。及长,读经史百家之言,一见成诵,悉无遗忘。后唐长兴中,举进士不第,遂不求禄仕,以山水为乐。"①另据《宋史》卷四百五十七"陈抟"记载:"陈抟,字图南,亳州真源人。始四五岁,戏涡水岸侧,有青衣媪乳之,自是聪悟日益。及长,读经史百家之言,一见成诵,悉无遗忘,颇以诗名。后唐长兴中,举进士不第,遂不求禄仕,以山水为乐。"②由此可见,两者基本上没有什么区别,仅有个别字句的删减而已。又如对"嵇康"的著录,(光绪)《亳州志》载:"康早孤,有奇才,远迈不群。美词气,有风仪,而土木形骸,不自藻饰,人以为龙章凤姿,天质自然。"③据《晋书》卷四十九所载"嵇康传"可知,两者基本没有变化,"康早孤,有奇才,远迈不群。身长七尺八寸,美词气,有风仪,而土木形骸,不自藻饰,人以为龙章凤姿,天质自然。"④该志对丁少微的著录内容,与《宋史·丁少微传》几乎没有差别。

3.材料剪裁较谨慎

由于历史久远,翔实文献记载的缺失,加之该地行政区划自古变迁频繁,一些早期的道家人物具体的籍贯归属,难以考证,历史上就众说纷纭,针对这些有争论的道家人物的籍贯问题,《亳州志》在著录时一般采取较为谨慎的态度。如对"老子"的著录,与司马迁《史记·老子韩非列传》中的"老子"记载相比较,我们可以看出,两者有些地方具有一定的差异,《史记》卷六十三记载:"老子者,楚苦县厉乡曲仁里人也,姓李氏,名耳,字

---

① (清)钟泰、宗能徵修:(光绪)《亳州志》卷十三,清光绪二十年(1894)活字本。
② (元)脱脱等撰:《宋史》,北京:中华书局,1977年,第13420页。
③ (清)钟泰、宗能徵修:(光绪)《亳州志》卷十三,清光绪二十年(1894)活字本。
④ (唐)房玄龄等撰:《晋书》,北京:中华书局,1974年,第1369页。

聃,周守藏室之史也。"① 由此可知,两者均认为"老子"姓李名耳,为"苦县厉乡曲仁里人也",但是也存在明显的不同之处,如(光绪)《亳州志》记载老子"字伯阳",而《史记》则记载为老子"字聃";又如前者在记述老子里籍时,只云老子为"苦县厉乡曲仁里人也",并没有《史记》中的"楚"字,虽一字之差,其文义之别显矣;此外,(光绪)《亳州志》载老子的职业为"为周柱下史",而《史记》则云为"周守藏室之史也"。虽然《亳州志》仅为一隅之文献,与《史记》不可等量齐观,然从两者的差异,可以看出名人故里对待历史名贤的态度,尽管没有在志书中详细交代与正史传记区别的原因,但可以确定的是,修志为名贤立传,并非纂修者可以率性而为之事,而是采取较为谨慎的态度来选取材料。

综上所述,地处皖北地区的涡淮流域,历史上众多的道家人物诞生于此,他们大都在涡淮流域生活过,也给这片区域留下了许多珍贵的历史文化遗迹,这笔宝贵的文化遗产大都被地方志书所著录,对著录的内容加以分析,对研究道家文化的传承具有一定的参考价值。

第四节　亳州孝文化

作为中华民族传统美德的"孝",一直被视为中国传统伦理道德的重要精神内核,而"孝"文化可谓是中国传统文化的重要组成部分,至于何谓孝文化的问题,杨志刚、于军在《中国古代"孝"文化述论》中曾云:"所谓'孝'文化就是以'孝'作为观念形态的,有关人们于社会生活中关于'孝'的思想理论、道德风尚、文学、艺术、教育、科学等精神方面为内容的统称。"② 至于记载中国历代"孝"文化的文献典籍,除专门的孝道伦理专著、族规

---

① （汉）司马迁撰:《史记》,北京:中华书局,1959年,第2139~2143页。
② 杨志刚、于军:《中国古代"孝"文化述论》,《东北师范大学学报(哲学社会科学版)》,2014年第4期。

家训外,历代所修方志中也保存了许多有关地方孝道的人物事迹。如清代皖北方志中大多设有"孝友""孝妇""孝女"等类目,对当时的"孝亲"事迹记载得较为详细,是研究皖北孝文化的珍贵资料。

一、几种孝亲方式

在中国传统文化中,侍奉父母被认为是"孝"的重要体现,东汉许慎在《说文解字·老部》中对"孝"的释义:"孝,善事父母者,从老省,从子,子承老也。"① 而清代皖北所修方志中所载"善事父母"的方式,主要有以下几种:

1. 孝养亲人的身体

尽心赡养父母,满足双亲的物质需求,一直被视为"孝"的重要方式之一,有时这种"孝"也被看作是较低层次的孝,如《礼记·祭义》云:"孝有三,大孝尊亲,其次弗辱,其下能养。"②(光绪)《亳州志》所记载在物质方面孝养亲人的事迹,大多是虽为家庭贫困之人,而能竭尽所能奉养父母,如"守贫养亲"③的张芳州,又如"家甚贫,竭奉甘旨娱亲"④的周永祚,以及"丐食必先奉母,己常忍饥"⑤的穆成。该志除记载贫困之家尽力孝养亲人外,还记录一些虽有营生之道者,但为奉养父母耗尽资产在所不惜,如以贩菜为业的赵凤鸣,"事母至孝,母饭必须酒肉。日

---

① (汉)许慎:《说文解字》,北京:中华书局,1963年,第173页。
② 孙希旦撰,沈啸寰、王星贤点校:《礼记集解》,北京:中华书局,1989年,第1225页。
③ (清)钟泰、宗能徵修:(光绪)《亳州志》卷十二,清光绪二十年(1894)活字本。
④ (清)钟泰、宗能徵修:(光绪)《亳州志》卷十二,清光绪二十年(1894)活字本。
⑤ (清)钟泰、宗能徵修:(光绪)《亳州志》卷十二,清光绪二十年(1894)活字本。

获微羡奉母,所余作为贩菜资本,母之甘旨日无缺"。① 为了积累更多奉母的费用,以至于五十岁,尚未结婚,因为"人因其贫,无妻之者"。② 又如为人理发营生的李凤清,仅为李从先的义子,并非亲生,当李从先年老之时,身体瘫痪,并且眼睛失明,作为义子的李凤清饮食便溺,昼夜扶持,"自食粗粝,市甘旨以奉其父,五年如一日"。③ 更为难能可贵的是,当时州人想旌表其孝时,李凤清坚持不受,并说:"我尽我心,尚愧我心之犹未尽也。遑求名誉乎?"④此孝的境界非一般人可比。

2. 顺乎亲人的性情

孝养父母除满足物质需要外,顺乎父母的性情,尊重父母的意愿,尽力满足双亲的精神需要,也被视为一种孝行,孔子在《论语·为政》中云:"今之孝者,是谓能养。至于犬马,皆能有养。不敬,何以别乎?"⑤古代敬亲行孝,在日常生活中,与父母说话要做到和颜悦色,尽力让父母开心,《礼记·祭义》云:"孝子之有深爱者必有和气,有和气者必有愉色,有愉色者必有婉容。"⑥(光绪)《亳州志》卷十二收录此类孝亲事迹,如家里贫困,以务农为业的刘通,其母卜氏失明,无以为娱,唯好声乐,故"通常召歌者或自歌以悦母"。⑦ 又如高藩,父亲早逝,率诸弟以孝

---

① (清)钟泰、宗能徵修:(光绪)《亳州志》卷十二,清光绪二十年(1894)活字本。
② (清)钟泰、宗能徵修:(光绪)《亳州志》卷十二,清光绪二十年(1894)活字本。
③ (清)钟泰、宗能徵修:(光绪)《亳州志》卷十二,清光绪二十年(1894)活字本。
④ (清)钟泰、宗能徵修:(光绪)《亳州志》卷十二,清光绪二十年(1894)活字本。
⑤ 程树德撰,程俊英、蒋见元点校:《论语集释》,北京:中华书局,1990年,第85页。
⑥ 孙希旦撰,沈啸寰、王星贤点校:《礼记集解》,北京:中华书局,1989年,第1214页。
⑦ (清)钟泰、宗能徵修:(光绪)《亳州志》卷十二,清光绪二十年(1894)活字本。

事母,其"母少有不乐,必委曲宽慰,得其欢心而后已"。①还有以卖油为业的马殿武,日市甘旨奉母,风雨无阻,每当其"母少有不乐,必委曲劝谕,得其欢心而后已"。②又如身为养子的李传福,其养父死后,对待其祖母及母,皆竭力奉养,虽然其"母多不道,动辄诟詈,传福曲意承顺",③而无倦容,亦无难色,这些孝行无不让人观之动容。

3. 兄弟和睦尽孝悌

古代对父母尽孝,对兄弟行悌,一直被视为做人的至德要道,有些古代文献往往把"孝悌"并称,如《礼记·冠义》云:"故孝、弟、忠、顺之行立,而后可以为人,可以为人,而后可以治人也。"④至于孝悌的具体含义,《论语·学而》云:"弟子入则孝,出则弟,谨而信,泛爱众而亲仁。"⑤而《尔雅》解释得则更为详细,"善父母为孝,善兄弟为友"。⑥由于兄弟同为父母所生,均受父母疼爱,兄弟和睦,父母最为欢心,故被认为是尽孝的一种方式。(光绪)《亳州志》人物志中也对此孝亲事例加以记载,如张仁愿,"父卒,事其兄仁颖极悌。出必告,反必面,如事父然,始终不弛"。⑦田松、田钺兄弟二人,虽然父命分析家产,各守其

---

① (清)钟泰、宗能徵修:(光绪)《亳州志》卷十二,清光绪二十年(1894)活字本。
② (清)钟泰、宗能徵修:(光绪)《亳州志》卷十二,清光绪二十年(1894)活字本。
③ (清)钟泰、宗能徵修:(光绪)《亳州志》卷十二,清光绪二十年(1894)活字本。
④ 孙希旦撰,沈啸寰、王星贤点校:《礼记集解》,北京:中华书局,1989年,第1415页。
⑤ 程树德撰,程俊英、蒋见元点校:《论语集释》,北京:中华书局,1990年,第27页。
⑥ 胡奇光、方环海撰:《尔雅译注》,上海:上海古籍出版社,2004年,第187页。
⑦ (清)钟泰、宗能徵修:(光绪)《亳州志》卷十二,清光绪二十年(1894)活字本。

业,但"后十七年,兄弟焚其旧券,仍合产同居"。① 尚清与兄尚源、尚澄,弟尚洪四兄弟,将父所遗产立券分析,后来尚清拓产致富,"念母犹存,与各弟兄合爨同居,将前所立分券对众焚之"。② 此外,还有孙兴祥兄弟和吴太泉、吴太昌、吴太璞等兄弟和睦孝亲的事迹,不再赘述。

4. 医治亲人的疾病

对待父母身体疾病的态度,往往被看作是评判一个人是否尽孝的标准,自古以来,便是如此。如孔子在《论语·为政》中曰:"父母唯其疾之忧"。③ 孝亲之人不仅忧父母之疾,而且竭尽全力为亲人医治疾病,(光绪)《亳州志》便记载了许多为父母治病尽孝的人物事迹。如沈应庚,其父病将笃时,侍奉汤药,衣不解带者数月,当听医生说:"凡病人粪苦者吉,粪淡者凶"时,"应庚即口尝之,不以为污"。④ 更为甚者,该志还记载了许多割股疗亲的事例,如李福信,其母张氏病,"久不愈,乃潜剖左腋,割肝一叶疗之,即愈"。⑤ 以及年二十三的怀成,其母久病不痊,"乃割左臂疗之,得愈"。还有两次割股疗父的赵昺,"父遘疾笃,潜割股疗之。四年,疾复笃,复割股以治。"⑥ 此外,该志还记载了许多割股疗亲的孝妇事迹,如贡生李廷学继妻朱氏,因"廷

---

① (清)钟泰、宗能徵修:(光绪)《亳州志》卷十二,清光绪二十年(1894)活字本。
② (清)钟泰、宗能徵修:(光绪)《亳州志》卷十二,清光绪二十年(1894)活字本。
③ 程树德撰,程俊英、蒋见元点校:《论语集释》,北京:中华书局,1990年,第38页。
④ (清)钟泰、宗能徵修:(光绪)《亳州志》卷十二,清光绪二十年(1894)活字本。
⑤ (清)钟泰、宗能徵修:(光绪)《亳州志》卷十二,清光绪二十年(1894)活字本。
⑥ (清)钟泰、宗能徵修:(光绪)《亳州志》卷十二,清光绪二十年(1894)活字本。

学人都应试,值翁病笃,氏割股治糜以进,遂愈"。① 这些割股疗亲的事迹,虽然近于"愚孝",但其孝亲精神依然让人感动。

5. 守护亲人的坟墓

古代孝养亲人的方式,除父母在世时尽心供养,顺从亲人的意愿外,当父母不在世时,对父母的孝行往往体现在对亲人丧事的办理和平常祭祀过程中,如《礼记·祭统》云:"孝子之事亲也,有三道焉:生则养,没则丧,丧毕则祭"。② 至于有人能够为亲人守墓,亲自负土培坟者,往往被世人看作孝子之行,这种孝行方式在(光绪)《亳州志》中记载得也较多。如明代的杨昇,排行第二,其父亲过世后,"昇结庐墓侧,蔬食三年。亲负土培坟,高至丈余"。③ 此外,还有"父卒,庐墓三年"④的顾元,"父策卒,庐墓三年,负土培坟"⑤的董茂,以及王以翰、修省己、段崙等均为亲终庐墓三年的孝子。亳之西鄙之人梁守约,父亲早卒,对母极孝,其母去世后,"自负畚筑坟,庐其傍三载"。⑥ 由于该坟岿然高而大,显得较为突出,较容易引起世人的关注,后人专为此孝行撰写《庐墓记》加以传颂;还有以佣工余积买地葬其母的董孝,庐于墓侧,肩土培坟,六年不辍,后人专为此作《董孝子庐墓记》,以示颂扬。

---

① (清)钟泰、宗能徵修:(光绪)《亳州志》卷十五,清光绪二十年(1894)活字本。
② 孙希旦撰,沈啸寰、王星贤点校:《礼记集解》,北京:中华书局,1989年,第1237页。
③ (清)钟泰、宗能徵修:(光绪)《亳州志》卷十二,清光绪二十年(1894)活字本。
④ (清)钟泰、宗能徵修:(光绪)《亳州志》卷十二,清光绪二十年(1894)活字本。
⑤ (清)钟泰、宗能徵修:(光绪)《亳州志》卷十二,清光绪二十年(1894)活字本。
⑥ (清)钟泰、宗能徵修:(光绪)《亳州志》卷十二,清光绪二十年(1894)活字本。

二、孝感事迹的关注

在中国古代"孝"被儒家视为重要的伦理道德,甚者把"孝"看作上天所定的准则,对父母尽孝为天经地义之事,如儒家孝道专著《孝经》云:"夫孝,天之经也,地之义也,民之行也。"① 因此,在儒家思想指导下所修的清代皖北方志,也注重对当地的孝感事迹的收录。

1. 亲人疾病痊愈

父母疾病最为孝行之人忧虑,在父母病笃中,当医效甚微、束手无策之时,孝者大都会祈求上苍庇佑,或者割股和药疗亲,若亲人病愈,则往往被视为孝感所致。(光绪)《亳州志》中此类事例较多,如以务农为业的刘通,其母卜氏失明,自己立誓断绝酒肉,日夜祈祷,求母复明,历三十年不懈,"母年八十五,目复明,咸以为孝感所致"。② 身为儒童的黄锦城,因母多病,不茹荤酒,凡进汤药,必亲手烹调,衣不解带不离母侧者四十余日,当其母病重时,常常祈求上苍,"愿减己算益母寿,时大雪雨雹,若不知者,母自是病旋愈"。③ 烟店学徒的赵金昌,父母早故,伯叔兄弟皆无,与祖母相依为命,其祖母生病时,赵金昌亲侍汤药,在祖母病情日益加重时,迫急无措,俯伏院中,默祷上天,愿减己寿求祖母回生,并"即割左股肉入药,煎奉祖母,服少许,气息即有转机,次日思饮食矣,病亦渐愈"。④ 该志还记载一些孝顺公婆的感人事迹,如高硕肤之妻孙氏,其翁患病,侍奉汤药,衣不解带八十余日,当其翁病益笃时,孙氏"暗割股和药以进,翁

---

① 汪受宽:《孝经译注》,上海:上海古籍出版社,2004年,第30页。
② (清)钟泰、宗能徵修:(光绪)《亳州志》卷十二,清光绪二十年(1894)活字本。
③ (清)钟泰、宗能徵修:(光绪)《亳州志》卷十二,清光绪二十年(1894)活字本。
④ (清)钟泰、宗能徵修:(光绪)《亳州志》卷十二,清光绪二十年(1894)活字本。

昏聩之中,忽闻异香满室,服之,不三日而病愈"。① 以及廪生马兆瑞妻李氏,事孀姑孙氏至孝,其姑病重时,"割股和药以进,姑闻药有异香,服之立愈,创亦旋合,若有神佑"。②(光绪)《亳州志》中所载此事较多,这里不再一一列举。

2. 种种瑞象呈现

至孝之举的感应除亲人病愈外,还有种种瑞象的出现,这种情况往往也被视为孝亲所感,虽然在今天看来,有些现象难以置信,有些情况难以核实其真伪,但在清代皖北方志中记载得则较为普遍,如(光绪)《亳州志》中便有许多这类记载。如隐居养亲的朱仁轨,就"有赤乌、白鹊栖所居树,诏表其异"。③ 又如著有《乌吟集》的李长桂,其生母朱氏早亡,抚于继母魏氏,其继母亡,庐墓三年,朝夕饮泣,从而出现"墓侧谷秀两岐,白鹤翔舞"④的瑞象。又如成刚,居母丧期间,结庐墓侧,日负土增冢,高至丈余,"墓木生连理枝,庐中有青蛇出入,驯不伤人"。⑤ 又有王矩,其母罗氏终,结庐墓侧,"负土培坟,植树成林,内有棠榆,生连理三枝,蛇兔驯绕墓侧"。⑥ 其人年六十八而卒,且"葬后一年,其墓侧产紫芝一茎,人皆以为孝感所致云"。⑦ 更为奇异者,如事母极孝的丁德,其母病笃,"思食鲜蘑菇,时值隆冬,

---

① (清)钟泰、宗能徵修:(光绪)《亳州志》卷十五,清光绪二十年(1894)活字本。
② (清)钟泰、宗能徵修:(光绪)《亳州志》卷十五,清光绪二十年(1894)活字本。
③ (清)钟泰、宗能徵修:(光绪)《亳州志》卷十二,清光绪二十年(1894)活字本。
④ (清)钟泰、宗能徵修:(光绪)《亳州志》卷十二,清光绪二十年(1894)活字本。
⑤ (清)钟泰、宗能徵修:(光绪)《亳州志》卷十二,清光绪二十年(1894)活字本。
⑥ (清)钟泰、宗能徵修:(光绪)《亳州志》卷十二,清光绪二十年(1894)活字本。
⑦ (清)钟泰、宗能徵修:(光绪)《亳州志》卷十二,清光绪二十年(1894)活字本。

不可得。因泣祷于经室。前院遍地勃生,大者长尺余,遂羹以奉母,母寿至九十余"。① 又如高天赐之妻王氏,事舅姑如事母,因丈夫以岁试如凤阳,此时姑病,氏奉汤药,衣不解带七十余日。"值隆冬多大雪,姑思食笋,氏念不可得,因祷于雪中。数日,园竹生四芽,烹以进姑,邻里咸异之。及天赐归,而母已愈矣"。②

三、孝亲事迹的弘扬

孝道在中国传统社会道德生活中具有重要地位,得到社会的广泛认可和普遍执行,由于"中国是彻始彻终,为孝这概念所支配的社会,中国社会是以孝为基础而建立起来的"。③ 因此,孝文化对促进社会稳定和调节人际关系均具有显著作用,从而使得地方政府和普通民众对孝亲事迹的弘扬,均表现出较高的热情。

1. 地方政府层面

地方政府对孝亲事迹的弘扬,主要以精神鼓励为主,辅以一定的物质奖励。(光绪)《亳州志》所载的精神鼓励方面,如王子尚,四世同居,长幼孝悌,人皆化之,于是政府"诏旌表之",④ 由于孝行卓异,被"诏旌表其门"⑤的还有李清,又如李长桂,由于生母朱氏早亡,为继母魏氏抚养成人,事继母如亲生母亲,其继母去世,为之守墓三年,朝夕饮泣,并赋诗怀念,如《雪中》诗

---

① (清)钟泰、宗能徵修:(光绪)《亳州志》卷十二,清光绪二十年(1894)活字本。
② (清)钟泰、宗能徵修:(光绪)《亳州志》卷十五,清光绪二十年(1894)活字本。
③ 谢幼伟:《孝与中国社会》,罗义俊:《理性与生命——当代新儒学文萃》,上海:上海书店,1994年,第509页。
④ (清)钟泰、宗能徵修:(光绪)《亳州志》卷十二,清光绪二十年(1894)活字本。
⑤ (清)钟泰、宗能徵修:(光绪)《亳州志》卷十二,清光绪二十年(1894)活字本。

云:"纵然食品罗方丈,那及生前酒一卮。"《庐次漫成》诗云:"三载苟全如隔世,一身暂寄已忘家。"读之感人至深,于乾隆四年(1739),被"旌表孝子,建坊入祠"。① 除政府旌表外,有时主政者还以个人的名义题字赐匾,以示褒奖,如高天赐之妻王氏,事舅姑如事母,亲奉汤药,衣不解带,隆冬季节,姑思食笋,祷于雪中,感动邻里,以至于"知州、儒学俱旌以匾额,曰'百行首推'、'坤中模楷'"。② 又如,张大鹏之妻李氏,秉姿仁孝,赋性幽贞,奉亲相夫,称于里党,乾隆三十八年(1773),知州郑为给银建坊,匾曰"贞寿之门"。③

此外,还有赐以"至性犹存"的燕氏和"坤仪不泯"的颜氏,等等。在物质奖励方面,主要通过赐以冠带和奖以粟帛等方式,对孝亲行为进行鼓励。如王矩,其母命终,冬不衣絮,夏不挥扇,弘治三年(1490)旌表,并"赐冠带。五年,诏赍粟帛"。④

2. 民间人士方面

中国古代对孝行的褒扬除地方州府外,民间人士对当地的孝亲事迹也赞赏有加,尤其是一些地方名士,积极颂扬,不遗余力,乡党宗亲更是称赞有加,甚至一些普通百姓,也乐于颂扬。在(光绪)《亳州志》中相关内容记载得也较多,如隐居养亲的朱仁轨,其人去世后,"郭山恽、员半千、魏知古共谥为'孝友先

---

① (清)钟泰、宗能徵修:(光绪)《亳州志》卷十二,清光绪二十年(1894)活字本。
② (清)钟泰、宗能徵修:(光绪)《亳州志》卷十五,清光绪二十年(1894)活字本。
③ (清)钟泰、宗能徵修:(光绪)《亳州志》卷十五,清光绪二十年(1894)活字本。
④ (清)钟泰、宗能徵修:(光绪)《亳州志》卷十二,清光绪二十年(1894)活字本。

生'"。① 兄弟和睦尽孝悌的尚清,为"士大夫称美焉"。② 还有沈应庚,其父病笃时,侍奉汤药,口尝父便,不以为污,感动当时州人赋诗称颂,诗曰:"既伊父病笃,更觉瘁心神。汤药细检点,溺便口试频。吁天以请代,废寝几十旬。悲予失屺岵,惭愧慕终身……孝其称宗族,早觇风化淳。乃知懿德行,果然在斯民。"③又如对母极孝的梁守约,其母去世后,负畚筑坟,庐傍三载。刘立诚在《庐墓记》中写道:"余悯其志之坚,功之苦,感诸君子之诚,且挚与平日乐道人善之意,隐有触也。遂不自揆而为之记。"④此外,还有养父母安之的张锦,为"宗党称之"。⑤ 还有以佣工养母的董孝,其母葬后,遂庐墓侧,肩土培坟,一饮一食,必先荐而后己,"凡往来者无不感泣,呼为'董孝子'云"。⑥

总之,在中国传统社会中,"孝"是较为重要的一种道德规范,被视为一个人品德形成的基础,也是被普遍奉行的一种传统美德。在清代皖北方志中,记载了许多有关地方孝亲的事迹,从这些事迹中,可以看出当时皖北地区,上至州府官员,下至平民百姓,无不对"孝"推崇备至,从而形成了独特的区域孝道文化,在此进行探讨,对传承和繁荣地方文化、促进精神文明建设均具有重要的现实意义。

---

① (清)钟泰、宗能徵修:(光绪)《亳州志》卷十二,清光绪二十年(1894)活字本。
② (清)钟泰、宗能徵修:(光绪)《亳州志》卷十二,清光绪二十年(1894)活字本。
③ (清)钟泰、宗能徵修:(光绪)《亳州志》卷十二,清光绪二十年(1894)活字本。
④ (清)钟泰、宗能徵修:(光绪)《亳州志》卷十二,清光绪二十年(1894)活字本。
⑤ (清)钟泰、宗能徵修:(光绪)《亳州志》卷十二,清光绪二十年(1894)活字本。
⑥ (清)钟泰、宗能徵修:(光绪)《亳州志》卷十二,清光绪二十年(1894)活字本。

第五节　亳州涡水文化

中国古代城市依水而建者较多,不仅有便利的航运,还有充足的水源可以利用,因此河流与城市形成了较为紧密的关系。明清时期的皖北地区,水路交通对城市发展的作用更为显著。本书以涡水和亳州城为例,对此问题进行初步探讨。明清时期作为亳州境内较为重要水道之一的涡水,连接着黄、淮两大水系,该水经城北而过,由于当时涡水航运便利,极大地促进了亳州城商品经济的繁荣和发展,但每到黄河泛滥夺涡入淮之时,亳州城也深受涡水之害。对当时涡水对亳州城发展的利弊进行粗浅梳理,以便今天有所借鉴。

一、涡水的地理概况

作为淮河主要支流之一的涡水,自汉代以来便为史志所载。据《汉书·地理志》卷二十八下"淮阳国"条下记载:"扶沟,涡水首受狼汤渠,东至向入淮,过郡三,行千里。"其中颜师古注曰:"狼音浪。汤音徒浪反。涡音戈,又音瓜。"①由此可知,《汉书·地理志》中所载涡水源自"狼汤渠",又名"浪汤渠";而其中的"过郡三",据周振鹤编著的《汉书地理志汇释》引王先谦《汉书补注》可知,"郡三"分别为:"河南、淮阳、沛。"②而据《水经注》卷二十三"阴沟水"中记载:"阴沟水出河南阳武县蒗荡渠,东南至沛,为涡水,又东南至下邳淮陵县,入于淮。"③由王先谦补注可知,上述的"涡水"是为"涡水",因为"涡,《说文》、《水经注》并

---

① (汉)班固撰,颜师古注:《汉书》,北京:中华书局,1862年,第1636页。
② 周振鹤编著:《汉书地理志汇释》,合肥:安徽教育出版社,2006年,第466页。
③ (北魏)郦道元著,陈桥驿校证:《水经注校证》,北京:中华书局,2007年,第550页。

作汩,字同。"① 郦道元在《水经注》中对"过水"注云:"阴沟始乱
蒗荡,终别于沙,而汩水出焉。"② 随后又对涡水的源流进行了梳
理:"汩水受沙水于扶沟县。汩水径大扶城西;汩水又东南径阳
夏县西,又东径邈城北;汩水又东径大棘城南,故鄢之大棘乡
也;汩水又东径安平县故城北;汩水又东径鹿邑城北;汩水又东
径武平县故城北;汩水又东径广乡城北;汩水又东径苦县西南;
汩水又南东屈,径苦县故城南;汩水又东北屈,至赖乡西,谷水
注之;汩水又北径老子庙东;汩水又屈东,径相县故城南,其城
卑小实中;汩水又东,径谯县故城北;汩水又东径朱龟墓北,东
南流;汩水东南径层丘北,丘阜独秀,巍然介立,故壁垒所在也;
汩水又东南,径城父县故城北,沙水枝分注之;汩水又东径下城
父北;汩水又屈径其聚东郎山西,又东南屈,径郎山南;汩水又
东南,径汩阳城北;汩水又东南径龙亢县故城南;汩水又屈而南
流,出石梁,梁石崩褫,夹岸积石,高二丈,水历其间。又东南
流,径荆山北而东流注也。"③ 由此可以看出,《水经注》所记载的
涡水与《汉书·地理志》所记有出入,《汉书·地理志》以扶沟受
蒗菪渠者为涡水,而《水经注》则以阴沟水东南至沛郡者为涡
水。根据对当时地理情况的考证,扶沟、阳夏和柘县皆属于汉
代的淮阳国,大棘在襄邑县,则属于陈留郡。只有经过苦县以
东方为沛郡之地,才开始得名为涡水。故扶沟以下,苦县以上,
《水经注》皆称为阴沟水,阴沟水入亳州境才名为涡水,因此,如
《水经注》所云,涡水得名始自亳州。

  明清时期的涡水情况从当时所编撰的方志中可以得知其
梗概。据(康熙)《江南通志·山川下》卷八"凤阳府"条下记载

---

① 周振鹤编著:《汉书地理志汇释》,合肥:安徽教育出版社,2006 年,第
466 页。
② (北魏)郦道元原著,陈桥驿等译注:《水经注全译》,贵阳:贵州人民出版
社,1996 年,第 808 页。
③ (北魏)郦道元原著,陈桥驿等译注:《水经注全译》,贵阳:贵州人民出版
社,1996 年,第 808~812 页。

可知，清康熙时期，涡水源自葛河口，与黄河相通，涡河经亳州城北，与马尚河交汇，后经蒙城、怀远，最后入淮河，"涡水在怀远县城北一里，发源自葛河口，由鹿邑西来至界，黄河从西北来注之，至亳城北与马尚河合，经蒙城流至本县东入淮，谓之涡口"。清乾隆时期，涡水的流经情况，与康熙时相当，基本没有变化，如（乾隆）《江南通志》卷十八记载："涡水在亳州北，发源豫之葛河口。由鹿邑西至州境，与马尚河合，东流经蒙城县入怀远界。"①除通志有涡水源流概况记载外，当时的《颍州府志》和《亳州志》也均有所涉及，且记载的内容较通志又详细一些，如（乾隆）《颍州府志·舆地志》卷一"山水"条下记载，"涡水，上源自河南通许县，经柘城、鹿邑入亳州境，至北门外会马尚河，东流出蒙城县境"。② 该志较《江南通志》增加了对涡水流经河南故城情况的介绍；而（乾隆三十九年）《亳州志》卷二"河渠"，则对涡水在亳州境内的流经区域，以及在当时亳州所辖境内的涡水里长情况，作了较为翔实的记载，"涡河上自河南省鹿邑县，入州境怀家溜，东流径城北北门，又东径钓鱼台，又东南径白龙王庙，至雉河集草桥出州境，入蒙城县界，在境内一百四十五里"。③ 从（光绪）《亳州志》记载看，清光绪时期，涡河流经情况与乾隆时期基本没有什么变化，"今涡河上自河南省鹿邑县入州境怀家溜，东流径城北北关，又东径钓鱼台，又东南径白龙王庙，至雉河集草桥出州境，入蒙城县界，在境内一百四十五里"。④

---

① （清）黄之隽等编纂：《江南通志》，台北：台湾商务印书馆，1986年，第507页。
② 王敛福修，潘遇莘纂：（乾隆）《颍州府志》卷一，清乾隆十七年（1752）刻本。
③ （清）郑交泰修：（乾隆三十九年）《亳州志》卷二，清乾隆三十九年（1774）刻本。
④ （清）钟泰、宗能徵修：（光绪）《亳州志》卷二，清光绪二十年（1894）活字本。

据(光绪)《亳州志》卷二记载,明清时期涡水主要有以下支流:赵王河,位于亳州城南三十里,该河上承鹿邑三里河及练沟河之水,入亳州境东流经过辛岗寺,至十字河集乱宋塘河,又东经张信溜集至黄家桥汇百尺河,东流至涡河,全长共计七十里;惠济河,上承鹿邑贾家滩,自安家溜入境,东流三十里入涡,即今之两河口;清河,在城西北二里,上承河南省商丘县陈两沙河,东南流经鹿邑县枣子集南五里入亳州境,又东南经李家大桥,又东南经十二里铺,又东南至郑家店入涡河;马尚河,一名陈治沟,在城北一里,起自商丘县南,南入亳州境,经半截塔、小奈集,至奶奶庙入涡河;雉河,俗名武家河,在城北四十里,上承商丘之沙河,东南流至田家桥,入州境,由薛家桥至小猪村分为二:东名雉河,西名坠河,至贾家桥又合而东南经观音堂、太清宫,至雉河集入涡河;百尺河,亦称百尺沟,在城南四十里,上承鹿邑县之南百尺沟,东流至卞家铺,乱宋塘河,又东至黄家桥,汇赵王河,又东入涡河,长七十里;此外还有漳河。

二、积极影响

中国古代城池众多,城池的选址与建造大都考虑与河流的关系,正如张驭寰在《中国城池史》中所云:"我国古代城池大大小小不下数千座,每个城池都有自己独立的规划。造城时看看水是从哪个方向来的,与大河的远近,一般都尽量使城池靠近大河或紧临河水。"[①]明清时期亳州城的营建也充分考虑到城池与水的关系,临涡水而建,充分利用涡水的航运便利,极大地促进了亳州城市经济的发展。由于亳州地势平坦,无深沟巨壑,水运以涡水为重。据史料记载,明清时期的涡水,上接河南沙水,据上流之重,下临山桑、怀远等地,加之中下游河槽较宽深,具有较好的航运能力,堪称豫、皖间水运之要道,"涡河为域

---

① 张驭寰:《中国城池史》,天津:百花文艺出版社,2002年,第391页。

中之襟带,上承沙汴,下达山桑"。① 当时的亳州城凭借涡水的航运优势,城市商业经济得到较快发展,形成了一个日益繁盛的区域经济重镇,"百货辇来于雍梁,千樯转输于淮泗。其水陆之广袤,固淮西一都会也"。② 关于明清时期涡水对于亳州城的航运之利,严文照在《永清桥碑记》中曾指出,由于亳州东北接连宿州之地,为徐州、兖州之咽喉,同时也关乎豫州、扬州之利害,地势较为显要,可谓江淮之间一都会也,"北达秦晋,南通吴越,其治之北郭,涡水环之,百货所集,富商大贾咸聚于此"。③ 正是由于涡水的航运便利,明清时期的亳州城逐渐形成了百货集散之地,尤其是当时邻近涡水的北关一带,更是巨贾云集、商贩汇聚之处。当时涡水之上的永清桥,是连接涡水两岸的重要通道,此桥的兴废见证了明清亳州城商业经济的繁盛景象,正如王鸣在《重修永清桥碑记》中所云:"夫亳为山陕通衢,轮蹄络绎,而涡河近城北一带有商贾、百货所聚集,断不可一日无桥。"④ 刘科在《重修永清桥碑记》中也指出,亳州上接豫州,横联山陕,区位优势明显,"为往来商贾、四方宾客之所毕集。其横亘北关外者有涡河,架木为桥,以资利涉"。⑤

明清时期的涡水对亳州城的积极影响,除具有促进经济发展作用之外,对于当时亳州城及其郊区的防洪灌溉,也发挥着重要功能。根据亳州的水路地理情况可知,亳州境内的主要水道有涡河、肥河、芡河及宋塘河,其中以涡河为宽,肥河、芡河、

---

① (清)郑交泰修:(乾隆三十九年)《亳州志》卷一,清乾隆三十九年(1774)刻本。
② (清)钟泰、宗能徵修:(光绪)《亳州志》卷二,清光绪二十年(1894)活字本。
③ (清)钟泰、宗能徵修:(光绪)《亳州志》卷三,清光绪二十年(1894)活字本。
④ (清)钟泰、宗能徵修:(光绪)《亳州志》卷三,清光绪二十年(1894)活字本。
⑤ (清)钟泰、宗能徵修:(光绪)《亳州志》卷三,清光绪二十年(1894)活字本。

宋塘河逐次变窄。自涡河以下,凡称为河者多达二十三条,其中流入涡河者有八条支流,分别是惠济河、赵王河、清河、马尚河、雉河、百尺河、漳河、三里河。由于涡水发源于河南境内,自西北流入州境,又经城北至东南方向出,故亳州城的西北、东北和东南方向,受涡水影响较大。据史料记载,明清时期亳州城西北方向有四条河流入涡,"惠济河至两河口入涡,清河至郑家店入涡,陈治沟至奶奶庙入涡,洪河至小黄村入清以达涡"。① 由于当时西北方向地形高厚,自虎头岗以来,冈峦起伏,逶迤数十里,故防洪、灌溉皆较为便利,故此地"土沃俗醇,物产丰富,洵一州之上腴也"。② 至于亳州城东北方向,由于涡水处于此地南端,故此处之水不易宣泄入涡,而包河、浑河又处最北,无关利害,只有武家河处于此地中间,故州城东北方向虽称膏腴,但也有水灾之地。而亳州城西南方向,入涡水者有赵王河、百尺河等,由于此地面积较宽,少有膏腴之地,而沙卤之地较多,故每遇连绵雨季,则民受其病,原因是"盖由地本低下,而支流又复淤塞。故虽有两干河,亦不能为之宣泄"。③ 又据(光绪)《亳州志》卷五水利志"河工"条下记载,当时亳州之地势西北稍高,而东南卑下。武家河、惠济河在涡河西北,虽有泛滥,由西北而至东南,其势甚顺,一入涡河,则流有所归。但是州城东南之地的支流,往往由于地势原因无法入涡,则时有水灾,如"急三道河在亳之南,下流入涡处尚远,其流已难顺轨。赵王河北去涡河稍远,偶有泛滥,则渐趋于南,而不能北归"。④ 在亳州城东南

---

① (清)钟泰、宗能徵修:(光绪)《亳州志》卷首,清光绪二十年(1894)活字本。
② (清)钟泰、宗能徵修:(光绪)《亳州志》卷首,清光绪二十年(1894)活字本。
③ (清)钟泰、宗能徵修:(光绪)《亳州志》卷首,清光绪二十年(1894)活字本。
④ (清)钟泰、宗能徵修:(光绪)《亳州志》卷五,清光绪二十年(1894)活字本。

有明河、油河,此地地势低洼,每每河水溢涨之时,众水大都汇聚于清游湖,由于清游湖之地本低于涡河,各水无法入涡,从而导致横溢各出,四面皆为泽国,"田壤淹没,行路阻绝",[1]为解除此患,前人开掘了梭沟、龙凤沟等沟渠,目的是"皆导清游湖之水而使归涡之路也"。[2] 由此可知,涡水对于缓解亳州城东南之地的水患具有重要作用。

三、消极影响

亳州地处涡淮流域,地势平坦,形势旷衍,其境内涡水,上邻黄河,下接淮水,为黄淮平原之要津,特殊的水文地理环境,使得明清时期的亳州常常饱受黄水之灾,"涡河,上通黄水,下达淮江,受豫之委,黄河溃决,亳先被灾"。[3] 由于涡水为黄、淮之间的重要水道,故明清时期黄水夺涡入淮,常为多种史料所录,如《明史》卷八十三"河渠一"记载:"(永乐)十四年决开封州县十四,经怀远,由涡河入于淮。"[4]同时,还记载了明正德末年,由于浮沙壅塞,涡河日益淤浅,而黄河大股南趋之势无所减,从而造成皖北一带泛溢弥漫。明嘉靖四十四年(1565)六月,黄河"决开封陶家店、张家湾,由会城大堤下陈留,入亳州涡河"。[5]据(乾隆三十九年)《亳州志》记载,当时涡水源自阴沟水,而阴沟水又首受于黄河,由此可知涡水曾与黄河相连,故明代黄水泛滥,而亳州则受黄水之害的主要原因,"涡水之源出于阴沟,阴沟源于出河之济。阴沟又首受大河,则涡水本与河通,又自

---

[1] (清)钟泰、宗能徵修:(光绪)《亳州志》卷五,清光绪二十年(1894)活字本。
[2] (清)钟泰、宗能徵修:(光绪)《亳州志》卷五,清光绪二十年(1894)活字本。
[3] (清)钟泰、宗能徵修:(光绪)《亳州志》卷首,清光绪二十年(1894)活字本。
[4] (清)张廷玉等撰:《明史》,北京:中华书局,1974年,第2015页。
[5] (清)张廷玉等撰:《明史》,北京:中华书局,1974年,第2071页。

鹿邑贾家滩至州两河口,亦系黄流故道,故前明时,每遇泛滥,亳地实处其冲"。① 由于亳州城临涡而建,每次黄水入涡泛滥之时,亳州城池均遭受巨大的洪水考验,有时甚至出现城墙因水浸坍塌的危险。如(光绪)《亳州志》卷三"营建志"中所收录的《历任修城事由》记载,清嘉庆十八年(1813)九月初八日,"豫省黄河决口,水漫涡河,溃堤绕城,将州城墙冲塌数段,共计长二十九丈"。② 清道光二年(1822),当时亳州知州任寿世曾详称,亳州城建立年久,"历年以来屡被黄水冲刷,直抵墙根,浸泡虚松,以致坍塌日甚"。③ 清光绪年间,亳州城也屡受黄水之害冲损,时所不免其坏,如遇雨雪季节,城墙毁坏更甚,"实缘近年以来,节被黄水冲刷,城根空虚,又兼雨雪连绵,浸入城身,以致城墙臌裂之处接续坍卸"。④ 明清时期涡水横溢之时,除对亳州城墙造成损毁外,还对其州城四周的古建筑产生不利影响,如周鉴在《真武庙碑记》中记载,位于州城之东、涡水之南的真武庙,"近年黄河入涡,水势冲激,岸日倾圮,渐及庙垣"。⑤

明清时期涡水对亳州城的消极影响,除体现在毁坏城墙及建筑之外,也给城市居民生活带来较大的负面影响。如严文照在《永清桥碑记》中记载,清乾隆四年(1739)时,涡水暴涨,挟黄流而下,潆荡震撼,木石所构的永清桥,尽倾无余,当时州城居

---

① (清)郑交泰修:(乾隆三十九年)《亳州志》卷二,清乾隆三十九年(1774)刻本。
② (清)钟泰、宗能徵修:(光绪)《亳州志》卷三,清光绪二十年(1894)活字本。
③ (清)钟泰、宗能徵修:(光绪)《亳州志》卷三,清光绪二十年(1894)活字本。
④ (清)钟泰、宗能徵修:(光绪)《亳州志》卷三,清光绪二十年(1894)活字本。
⑤ (清)钟泰、宗能徵修:(光绪)《亳州志》卷四,清光绪二十年(1894)活字本。

民只能以舟渡河,其结果是"杂湉挤排,间有颠溺者,苦为民病"。① 据(光绪)《亳州志》记载,乾隆二十六年(1761)七月,黄河决口于河南杨桥后入涡,致使涡水一昼夜之间迅涨数丈,涛声噌吰,喧呼遍野,"两岸居民半成巨浸"。② 该志所收录的一些碑记,则详细记载了乾隆四十三年(1778)七月,黄河决口入涡后给亳州城及其四周所造成的惨景,如江恂的《筑堤自记碑》中记载,当时涡河"溢四境及城,州民窜避"。③ 又如张佩芳的《江公救灾记》中所载,七月九日黄河于开封之考城决口,二日后水大至州城外的薄堤,护城堤坝溃坏,州城壕堑皆满,平地水深多达数尺,住在城壕两边的居民有万家之多,都争着进入城内。三日后黄河又决口于仪封,州城四周的"乡民避水徙城中日以千计,有浮瓮而至者。尤远不能至,则缚筏置树间"。④ 马文玮在《江公救灾记》中对这次黄水入涡所造成的惨景,记述得更加详细,当时州境横流,悉成巨津,田禾尽没,庐舍成墟,竹树摇空,水天一色,"民之压者,溺者,有见机而先逃者,有强涉而幸济者,有为巢以困守者,有乘桴以远奔者。嘻嘻! 荡析离居,祸未有甚于此时者矣"。⑤

总之,明清时期皖北水路交通对城市的发展,既有积极的一面,也有消极的成分。就涡水与亳州城而言,明清时期的涡水,经亳州城北而过,下达蒙城,经怀远进入淮河,为亳州境内重要的水运通道,因此涡水在给当时的亳州城不仅带来了航运

---

① (清)钟泰、宗能徵修:(光绪)《亳州志》卷三,清光绪二十年(1894)活字本。
② (清)钟泰、宗能徵修:(光绪)《亳州志》卷三,清光绪二十年(1894)活字本。
③ (清)钟泰、宗能徵修:(光绪)《亳州志》卷五,清光绪二十年(1894)活字本。
④ (清)钟泰、宗能徵修:(光绪)《亳州志》卷五,清光绪二十年(1894)活字本。
⑤ (清)钟泰、宗能徵修:(光绪)《亳州志》卷五,清光绪二十年(1894)活字本。

上的便利,促进了城市经济的繁荣,然每到涡水泛滥时,州城及其居民往往也咸罹其害。

参考文献

一、旧志类

[1](明)李先芳,纂修.(嘉靖)亳州志.明嘉靖四十三年(1564)刻本.

[2](清)刘泽溥,修.高搏九,纂.(顺治)亳州志.清顺治十三年(1656)刻本.

[3](清)华度,修.蔡必达,纂.(乾隆五年)亳州志.清乾隆五年(1740)刻本.

[4](清)郑交泰,修.王云万,纂.(乾隆三十九年)亳州志.清乾隆三十九年(1774)刻本.

[5](清)任寿世,修.刘开,陈恩德,纂.(道光)亳州志.清道光五年(1825)古谯官舍刻本.

[6](清)钟泰,宗能徵,纂修.(光绪)亳州志.清光绪二十年(1894)活字本.

[7](民国)刘治堂,纂修.亳县志略.民国二十五年(1936)铅印本.

[8](明)李贤,等,撰.明一统志.四库全书本.

[9](清)和珅,等,撰.(乾隆)大清一统志.四库全书本.

[10](清)穆彰阿,撰.嘉庆重修一统志.四部丛刊续编本.

[11](清)陶澍,等,修.李振庸,韩玫,纂.安徽通志.清道光十年(1830)刻本.

[12](清)沈葆桢,修.何绍基,杨沂孙,纂.(重修)安徽通志.清光绪四年(1878)刻本.

[13](清)李应珏,纂修.皖志便览.清光绪二十四年(1898)安庆镂云阁刻本.

[14](民国)安徽通志馆,纂修.安徽通志稿.民国二十三年(1934)铅印本.

[15](清)耿继志,等,修.汤原振,等,纂.(康熙)凤阳府志.康熙二十三年(1683)刻本.

[16](清)王敛福,修.潘遇莘,纂.(乾隆)颍州府志.乾隆十七年(1752)刻本.

[17](唐)李吉甫,撰.贺次君,点校.元和郡县图志.北京:中华书局,1983.

[18](宋)王存,撰.王文楚,魏嵩山,点校.元丰九域志.北京:中华书局,1984.

[19](北魏)郦道元,注.(民国)杨守敬,熊会贞,疏.段熙仲,点校.陈桥驿,复校.水经注疏.南京:江苏古籍出版社,1989.

[20]赵所生,薛正兴,主编.中国历代书院志.南京:江苏教育出版社,1995.

[21](宋)乐史.宋本太平寰宇记.北京:中华书局,2000.

[22](清)冯煦,主修.(清)陈师礼,纂.皖政辑要.合肥:黄山书社,2005.

二、专著类

[1]李泰棻.方志学[M].上海:商务印书馆,1935.

[2]傅振伦.中国方志学通论[M].上海:商务印书

馆,1935.

[3]张国淦.中国古方志考[M].北京:中华书局,1962.

[4](清)张廷玉,等,纂.明史[M].北京:中华书局,1974.

[5](清)赵尔巽,等,纂.清史稿[M].北京:中华书局,1977.

[6]地方史志研究组,编.中国地方志总论[M].长春:中国地方史志协会,吉林省图书馆学会,1981.

[7]地方史志研究组,编.中国地方志分论[M].长春:中国地方史志协会,吉林省图书馆学会,1981.

[8]刘光禄,编著.中国方志学概要[M].北京:中国展望出版社,1983.

[9]安徽省地方志办公室,安徽省图书馆,合编.安徽方志综合目录[M].合肥:安徽省地方志办公室,1983.

[10]来新夏,主编.方志学概论[M].福州:福建人民出版社,1983.

[11]周始.皖志述略[M].合肥:安徽省地方志编纂委员会(内部发行),1983.

[12]中国地方史志协会,编.中国地方史志论丛[M].北京:中华书局,1984.

[13]王育民.中国历史地理概论[M].北京:人民教育出版社,1985.

[14]地方史志研究组,编.中国地方志论集(1911－1949)[M].长春:吉林省地方志编纂委员会,吉林省图书馆学会,1985.

[15]地方史志研究组编.中国地方志论集(1950－1983)[M].长春:吉林省地方志编纂委员会,吉林省图书馆学会,1985.

[16]刘尚恒.安徽方志考略[M].长春:吉林省地方志编纂委员会,吉林省图书馆学会,1985.

[17]章学诚,著.叶瑛,校注.文史通义校注[M].北京:中华书局,1985.

[18]梁启超.中国近三百年学术史[M].上海:复旦大学出版社,1985.

[19]中国科学院北京天文台,主编.中国地方志联合目录[M].北京:中华书局,1986.

[20]王晓岩.历代名人论方志[M].沈阳:辽宁大学出版社,1986.

[21]朱士嘉.中国旧志名家论选[M].宜春:《史志文萃》编辑部(内部发行),1986.

[22]陈光贻.稀见地方志提要[M].济南:齐鲁书社,1987.

[23]《中国地方志大辞典》编辑委员会,编.中国地方志大辞典[M].杭州:浙江人民出版社,1988.

[24]林衍经.方志学综论[M].上海:华东师范大学出版社,1988.

[25]曾星翔,李季国,编.中国方志百家言论集萃[M].成都:四川省社会科学院出版社,1988.

[26]朱士嘉,编.美国国会图书馆藏中国方志目录[M].北京:中华书局,1989.

[27]林衍经.方志求是集[M].南宁:广西人民出版社,1989.

[28]蒋元卿·皖人书录[M].合肥:黄山书社,1989.

[29]仓修良.方志学通论[M].济南:齐鲁书社,1990.

[30]彭静中.中国方志简史[M].成都:四川大学出版社,1990.

[31]戎毓明,主编.安徽人物大辞典[M].北京:团结出版社,1992.

[32]张革非.中国方志学纲要[M].重庆:西南师范大学出版社,1992.

[33]傅振伦.傅振伦方志论著选[M].杭州:浙江人民出版社,1992.

[34]张步天.历史地理学概论[M].开封:河南大学出版社,1993.

[35]黄苇等.方志学[M].上海.复旦大学出版社,1993.

[36]王德恒,许明辉,贾辉铭.中国方志学[M].北京:文化艺术出版社,1994.

[37]王晖,主编.方志性质辩论[C].合肥:黄山书社,1995.

[38]李学勤,吕文郁,主编.四库大辞典[M].长春:吉林大学出版社,1996.

[39]金恩辉,胡述兆,主编.中国地方志总目提要[M].台北:汉美图书有限公司,1996.

[40]亳州地方志编纂委员会.亳州市志[M].合肥:黄山书社,1996.

[41]宫为之.皖志史稿[M].合肥:安徽人民出版社,1997.

[42]章家礼,等,编著.安徽著名文物古迹[M].合肥:黄山书社,1997.

[43]邵骥顺.中国旅游历史文化概论[M].上海:上海三联书店,1998.

[44]杨军昌.中国方志学概论[M].贵阳:贵州人民出版社,1999.

[45]张超凡,徐发夫,编著.汤都风韵[M]//欧远方,主编.锦绣安徽·亳州卷,合肥:安徽教育出版社,1999.

[46]林平,张纪亮,编纂.明代方志考[M].成都:四川大学出版社,2001.

[47](清)黄虞稷,撰.瞿凤起,潘景郑,整理.千顷堂书目[M].上海:上海古籍出版社,2001.

[48]史州.安徽史志综述[M].合肥:安徽教育出版社,2002.

[49]许卫平.中国近代方志学[M].南京:江苏古籍出版社,2002.

[50]韩湘亭.历代郡县地名考[M].北京:北京图书馆出版社,2002.

[51]巴兆祥.方志学新论[M].上海:学林出版社,2004.

[52]陈代光.中国历史地理[M].广州:广东高等教育出版社,2004.

[53]侯甬坚.历史地理学探索[M].北京:中国社会科学出版社,2004.

[54]汪东恒,主编.亳州四名[M].合肥:安徽人民出版社,2005.

[55]张舜徽.中国文献学[M].上海:上海古籍出版社,2005.

[56]张全明.中国历史地理学导论[M].武汉:华中师范大学出版社,2006.

[57]邹逸麟.中国历史地理概述[M].上海:上海教育出版社,2007.

[58]贾鸿雁.中国历史文化名城通论[M].南京:东南大学出版社,2007.

三、论文类

[1]刘尚恒.安徽方志概述[J].江淮论坛,1982,(01).

[2]晁文壁,等.章学诚《亳州志》质疑[J].中国地方志通讯,1982,(02).

[3]陆振岳.关于章学诚与戴震论修志的辨析[J].江苏地方志,1988,(03).

[4]宫为之.评章学诚《和州志》[J].安徽史学,1996,(02).

[5]陈祥林.图、表在方志中的重要作用——兼评《(民国)蓝山县图志》中的图与表[J].图书馆,1998,(02).

[6]朱冠艾.明代安徽地方志编写的热潮和成就[J].华东冶金学院学报,2000,(01).

[7]吴海涛.历史时期黄河泛淮对淮北地区社会经济发展的影响[J].中国历史地理论丛,2002,(01).

[8]陈旭.试析戴震方志思想[J].中国地方志,2003,(05).

[9]朱梅光.章学诚文献学成就初探[D].2005年安徽大学硕士论文.

[10]蒲霞.《永乐大典》所辑《新安志》研究[J].史学月刊,2006,(06).

[11]孟旭琼.地理沿革在方志中的地位——论章、戴之争[J].张家口职业技术学院学报,2007,(01).

[12]刁书人.清前期东北流人编撰的几种方志及其史料价值[J].中国地方志,2007,(08).

[13]王嘉炜.章学诚安徽方志的编纂理论与实践[D].2008年山东大学硕士论文.

[14]张安东.论清代安徽方志的编纂体例[J].淮北煤炭师范学院学报,2008,(01).

[15]孟庆斌.重论章学诚与戴震的修志之争[J].中国地方志,2008,(02).

[16]张安东.清代安徽方志编修述论[J].宿州学院学报,2008,(02).

[17]张安东.清代安徽方志舆图之解读[J].巢湖学院学报,2008,(02).

[18]巴兆祥.明清时期地方志东传日本的历史过程[J].中国历史地理论丛,2008,(03).

[19]张健.徽州方志考[J].图书馆理论与实践,2008,(05).

[20]马兵.论章学诚对方志学的贡献[J].扬州教育学院学报,2009,(01).

[21]沈乃文.戴震与方志及其手稿与胡适跋文[J].清华大学学报,2009,(03).

[22]闫喜琴.论方志与区域旅游文化开发[J].中国地方志,2009,(08).

四、相关类

[1]朱世英,高兴.古人笔下的安徽胜迹[M].合肥:安徽人民出版社,1982.

[2](唐)杜佑撰,王文锦,王永兴,等,点校.通典[M].北京:中华书局,1982.

[3]刘光禄,等,编著.县志编修探微[M].合肥:安徽人民出版社,1983.

[4]张可礼,编著.三曹年谱[M].济南:齐鲁书社,1983.

[5]章学诚.章学诚遗书[M].北京:文物出版社,1985.

[6]李鹏,张嘉.安徽历代名人[M].合肥:黄山书社,1986.

[7][英]泰勒,著.蔡江农,编译.原始文化[M].杭州:浙江人民出版社,1988.

[8]冯天瑜,何晓明,周积明.中国文化史[M].上海:上海人民出版社,1990.

[9]何一民.中国城市史纲[M].成都:四川大学出版社,1994.

[10]仓修良,叶建华.章学诚评传[M].南京:南京大学出版社,1996.

[11]来新夏,齐藤博,主编.中日地方志比较研究[M].天津:南开大学出版社,1996.

[12]邹逸麟,主编.黄淮海平原历史地理[M].合肥:安徽教育出版社,1997.

[13]蒋宝德,李鑫生,主编.中国地域文化[M].济南:山东美术出版社,1997.

[14]《安徽文化史》编纂工作委员会.安徽文化史[M].南京:南京大学出版社,2000.

[15]胡兆量,阿尔斯郎,琼达,等.中国文化地理概述[M].北京:北京大学出版社,2001.

[16]张驭寰.中国城池史[M].天津:百花文艺出版社,2003.

[17]季羡林,主编.胡适全集[M].合肥:安徽教育出版社,2003.

[18]嘉禾,编著.中国建筑分类图典[M].北京:化学工业出版社,2008.

后　　记

　　2005年大学毕业后,我有幸到亳州电视台新闻中心从事新闻采编工作,三年的采访活动,让我接触到许多亳州历史文化方面的知识,切身体会到亳州地方文化的博大精深,为此对亳州文化产生了浓厚的兴趣。非常感谢樊建军台长的鼓励和支持,使我有勇气于2008年9月再次踏进久别的校园,在美丽的安徽大学校园内,开始了我三年的追梦之旅。光阴似箭,岁月如梭,回望当时三年的蹒跚之路,庆幸自己没有让岁月赐予我的这段人生履历成为一段空白,这段美好的求学时光,将成为我人生中永恒的记忆。

　　在安徽大学的三年求学时光中,让我收获最大的是遇到一位好导师张子侠先生。三年来,先生对我的学习、生活和工作,一直悉心关照,在治学和做人方面所给予的教诲和启迪,令我没齿难忘。记得在求学期间,先生对我呈上的每篇小文,大都给予具体指导,倾注了大量心血,这既是先生一丝不苟、严谨治学精神的写照,更是先生以身示教、垂范后学的体现。痛心的是先生由于长期劳作,积劳成疾,于2011年12月溘然长逝。记得当初毕业论文选题时,先生充分考虑到我的兴趣和今后的学业方向,希望我能走进历史地理学之门,开辟一片属于自己的"领地"。由于我先天愚钝,平时又不甚勤奋,尽管我努力而为,但总与先生的要求相差甚远,深感愧疚,只能在今后的工作和学习中继续努力,以报先生在天之灵。

同时,本书的撰写还受益于张金铣、陈立柱、周怀宇、刘信芳、蒲霞、徐道斌、傅正、张晓丽等各位老师的细心指导,以及何周、胡静波、田亚琼、郑漫柔等同门的无私帮助。本书在资料的搜集和整理阶段,还得到亳州市、谯城区史志部门领导的帮助,这里一并致谢,感谢你们的鼓励与支持。本书的出版,还要感谢安徽大学出版社姜萍女士,在本书的编辑、校对和出版中,付出了许多艰辛的劳动。

2011年硕士毕业后,我有幸到亳州学院亳文化研究中心从事地方文献的整理和研究工作,五年来魏宏灿教授给予我很多的帮助和支持,使我明白了许多道理。同时,我有幸目睹了学院的跨越式发展和巨大变化,见证了中文与传媒系升本专业建设的点点滴滴,感谢学院领导和各位老师的辛苦付出,为我们今后的发展开拓了更大的空间。三曹文化创意产业研发团队负责人张大勇博士,为本书的出版提供了大力支持,在此真诚地道上一声"谢谢"!

最后,我还要对我的家人说声"谢谢"!我父母文化程度不高,他们虽不懂我的追求,却坚信我的选择;身为中学教师的妻子,虽不理解我的决定,却全力支持我的行动。没有家人的支持,再少的文字我也无法安心完成。

由于本人学识有限,书中疏漏、错误之处不少,有些论述还较为粗浅,仍需要作进一步完善,在此欢迎各位师友批评指正,恳请各位专家、学者不吝赐教!

程立中
2016 年 6 月 12 日